LA VÉNUS DE MILO,

PAR

M. FÉLIX RAVAISSON.

EXTRAIT

DES MÉMOIRES DE L'ACADÉMIE DES INSCRIPTIONS ET BELLES-LETTRES,

TOME XXXIV, 1re PARTIE.

PARIS.

IMPRIMERIE NATIONALE.

LIBRAIRIE C. KLINCKSIECK, RUE DE LILLE, 11.

M DCCC XCII.

LA VÉNUS DE MILO.

LA VÉNUS DE MILO,

PAR

M. FÉLIX RAVAISSON.

EXTRAIT
DES MÉMOIRES DE L'ACADÉMIE DES INSCRIPTIONS ET BELLES-LETTRES.
TOME XXXIV, 1re PARTIE.

PARIS.
IMPRIMERIE NATIONALE.

LIBRAIRIE C. KLINCKSIECK, RUE DE LILLE, 11.

M DCCC XCII.

LA VÉNUS DE MILO.

Plus d'un demi-siècle s'est écoulé depuis que la Vénus de Milo a été découverte et apportée au Musée de France, et elle n'a cessé depuis lors d'être le sujet d'essais divers d'interprétation et de restitution, sans qu'aucun de ces essais ait encore fixé l'opinion.

Je suis de ceux qui se sont efforcés de résoudre l'énigme, et la solution que j'en ai proposée, il y a déjà bien des années, n'a pas été ébranlée, si je ne me trompe, par les objections qu'on y a faites. Mais, après de nouvelles études et en m'appuyant sur de nouveaux documents, je crois pouvoir aujourd'hui prouver d'une manière plus convaincante la thèse que j'ai soutenue autrefois et la compléter par de nouvelles inductions.

Dans une notice publiée en 1871 [1], à la suite de circonstances que j'y ai racontées, circonstances qui m'avaient fait découvrir un changement qu'on avait fait subir, sans le faire savoir, à la statue, et qui en avait altéré le caractère, conduit à exposer comment il me semblait qu'elle devait être comprise, j'avais cherché à prouver qu'elle avait fait partie d'un groupe où lui était associé un deuxième personnage, semblable à la statue, également placée au Louvre, qui a été longtemps con-

[1] *La Vénus de Milo*, publié d'abord dans la *Revue des Deux Mondes*, puis tiré à part. (Hachette.)

sidérée comme un Achille; que ce groupe représentait Vénus apaisant Mars, et qu'il avait eu son modèle dans une composition créée au temps de Phidias.

J'espère arriver aujourd'hui à établir que le deuxième personnage était, sous la figure de Mars, un héros cher, entre tous, à Athènes, et que la composition originale avait été un des plus célèbres ouvrages de l'école attique au ve siècle. J'espère enfin rendre raison, au moins avec vraisemblance, de la présence dans l'île de Milo d'une des plus belles reproductions qui aient probablement été faites du groupe primitif, de l'emplacement qu'elle y occupait et du rôle qu'elle y jouait.

A l'hypothèse que j'avais exposée dans ma notice de 1871 on a opposé deux sortes d'objections : les unes sont tirées de renseignements prétendus d'après lesquels la Vénus de Milo aurait été trouvée plus entière qu'elle n'était lorsqu'on l'apporta au Louvre et dans une attitude incompatible avec tout système qui ferait de cette statue une partie d'un groupe; les autres sont tirées de particularités des deux statues, particularités avec lesquelles serait également incompatible un tel système.

Les premières de ces objections tombent devant des documents irrécusables dont les uns ont déjà été publiés et dont je ferai connaître pour la première fois quelques autres. Les secondes tomberont également, si je ne me trompe, devant un examen plus attentif et plus circonstancié que celui qu'on a fait jusqu'à présent soit de la Vénus de Milo ainsi que de fragments qui en dépendent, soit du prétendu Achille.

De cet examen sortira aussi une série d'inductions relatives à la question de savoir quelle origine on doit attribuer au groupe ainsi constitué, où il était placé, et quelle idée il était destiné à exprimer.

Ai-je besoin de dire qu'il ne s'agit pas ici de préparer une *restauration* de la Vénus de Milo? Personne, je crois, n'a plus fait ni peut-être autant que celui qui écrit ces pages pour qu'on ne se livre plus à de telles entreprises; personne n'est moins disposé à les conseiller.

C'était autrefois un usage universel de n'exposer aux regards dans une collection aucun objet d'art qui eût souffert de l'injure du temps sans qu'il eût été préalablement réparé et à peu près remis à neuf. Il n'avait été fait d'exception à cet usage, jusqu'à l'époque où la Vénus de Milo arriva au Louvre, que pour le célèbre torse appelé, du lieu où il est placé, le *Torse du Belvédère.* Michel-Ange avait demandé, assure-t-on, qu'on n'y touchât point. Mais s'il le demanda et l'obtint, ce fut vraisemblablement parce qu'on trouva impossible d'imaginer ce qu'avait été la statue dont ce fragment provenait et quelle était son action. Michel-Ange lui-même avait restauré d'autres antiques. Pourtant cet usage a eu de regrettables conséquences; bien longue en serait l'énumération. On en trouvera quelques exemples particulièrement remarquables, pour les marbres que possède notre Musée, dans l'étude que mon fils aîné, M. Charles Ravaisson, a publiée en 1876 sous le titre : *La critique au Musée des antiques*[1].

Lors même que les restaurations n'ont pas été, comme il est arrivé souvent, en contradiction avec le sujet que représentait le monument et que le restaurateur avait mal compris, lors

[1] On voit au Musée des antiques de belles colonnes de porphyre, de trois mètres de hauteur, qui proviennent de la villa Borghèse. Une de ces colonnes, un peu plus forte que les autres, avait souffert. On crut bien faire de la remettre à neuf en la diminuant d'épaisseur. Cette opération occupa plusieurs ouvriers pendant treize mois. Clarac, *Musée de sculpture*, I, 487. M. de Choiseul, dans une lettre qui se trouve parmi ses papiers, aux Archives nationales, se félicite d'avoir rapporté de la Grèce beaucoup de morceaux de marbre qui pourront servir aux restaurations.

même que le travail en a été passable, ce travail n'a jamais pu être en parfait accord avec un style dont le secret est perdu; et de là une fâcheuse atteinte à l'harmonie du tout, qui est, dans un ouvrage d'art, le plus nécessaire des mérites. Mais le pire inconvénient des restaurations, c'est que, ne pouvant rendre ce qu'on ajoute parfaitement semblable à l'antique, c'est l'antique que l'on rend semblable, par maintes modifications, à ce qu'on y ajoute. Après avoir restauré les bras de la Pallas de Velletri, on a retravaillé la surface d'une grande partie du reste, et par là altéré gravement le caractère de l'exécution. Sur d'autres statues, comme le Génie funèbre et le groupe dit d'Apollon et Mercure du Musée du Louvre, les surfaces offraient un certain nombre de lésions, probablement peu importantes: on les a recouvertes de plaques de marbre occupant beaucoup plus de place, certainement, que ne le faisaient ces lésions, et qui donnent au tout le plus fâcheux aspect.

A mesure que se multiplièrent les découvertes de marbres antiques, la restauration, dont s'occupaient, au XVIe siècle, les sculpteurs les plus renommés, dut être confiée à des artistes d'un talent de plus en plus inférieur à celui des sculpteurs anciens dont ils avaient à réparer les œuvres. Pour n'en citer que deux exemples, une statue qu'on admire au Louvre, restaurée en Cincinnatus, alors qu'on cherchait dans tous les monuments de l'art grec des sujets romains, et connue depuis sous le nom de Jason, mais qui représente en réalité un Mercure attachant sa chaussure, et qui est d'une élégance à laquelle se reconnaît l'école de Lysippe, est déparée par le bras gauche, ouvrage d'un restaurateur malhabile qui l'a fait beaucoup trop fort pour tout le reste. Dans cette autre belle statue, provenant de l'ancienne collection Borghèse, où l'on a longtemps cru trouver un Achille, les doigts de la main droite, qui sont restaurés, sont trop forts et trop longs; et, faute de remarquer la restauration, on a failli fonder sur leurs dimensions une règle qui eût entraîné, si elle eût été adoptée, à de graves erreurs. L'auteur de la *Grammaire des arts du dessin* croyait avoir trouvé que dans la statuaire grecque le doigt du milieu avait été un module sur lequel on calculait toutes les proportions, et il proposait pour ce module le doigt du milieu, moderne comme les autres, du prétendu Achille.

Pour obvier autant que possible à de semblables méprises, j'ai fait placer sur les piédestaux de tous les monuments, lorsque j'étais Conservateur des antiques, des étiquettes indiquant exactement, d'après des relevés exécutés par mon fils, quelles en sont les parties antiques et les parties modernes.

Si les restaurations ont souvent défiguré les monuments, il en est qui, de plus, leur ont attiré par cela même de nouvelles dégradations. Aux temps des luttes entre le paganisme et le christianisme, les chrétiens, regardant les statues comme des idoles qui consacraient des croyances erronées et desquelles émanait, en outre, une vertu pernicieuse, les frappaient volontiers au visage, brisant ainsi le nez et les lèvres, et surtout leur infligeaient les mutilations qu'avaient fait subir jadis Alcibiade et ses amis aux hermès d'Athènes. Mal instruits du goût de l'antiquité, ne sachant pas que l'art grec, toujours soucieux de diviniser, avait coutume de montrer très développé, dans la nature humaine, ce qui y sert à la vie supérieure, et d'y réduire pour ainsi dire au minimum nécessaire ce qui y sert à la vie inférieure[1] et qu'il qualifiait de « laid (αἴσχρον) », ne sachant pas qu'en conséquence cet art attribuait souvent certaines grossièretés de formes dans les organes de la vie inférieure à des

[1] Voir surtout les monuments les plus anciens, au Louvre les torses d'Actium et maints bronzes archaïques.

satyres, de nature à demi animale, ou à des esclaves, chez lesquels il se plaisait à accuser ainsi une brutale sensualité, jamais à des hommes de condition libre, ni à plus forte raison à des héros ou à des dieux, de modernes restaurateurs ont souvent réparé d'une manière si maladroite les mutilations auxquelles je fais allusion, qu'il en est résulté pour certains visiteurs du Musée la tentation, à laquelle ils ont cédé plus d'une fois, d'infliger, par dérision, aux monuments ainsi déshonorés de nouvelles injures. De là, de la part de la Conservation, des mesures de prudence qui ont consisté, recourant à un moyen de dissimulation très usité depuis Van Eyck, Durer et Raphaël, à cacher sur deux ou trois statues des restaurations qui les avaient rendues choquantes entre toutes, et que l'on n'aurait pu chercher à corriger sans risquer d'endommager encore le marbre. C'étaient, d'ailleurs, de mauvaises leçons pour l'enfance, qui vient souvent achever son éducation dans nos musées, et à laquelle est dû le respect que voulaient qu'on eût pour elle les anciens, que de monstrueuses et indécentes faussetés. — Les mesures prises donnèrent lieu à de bizarres réclamations : l'ignorance moderne, prenant fait et cause pour des ignorances antérieures, protesta çà et là contre l'atteinte portée ainsi à la « beauté antique ». — Ce qu'il faut retenir de tels faits, c'est surtout une preuve de plus des inconvénients de toute sorte qu'a entraînés la coutume de restaurer les monuments et de l'intérêt qu'il y a à ce qu'une telle coutume prenne fin. J'ose croire y avoir contribué, puisque, dès mon entrée au Musée, j'ai fait supprimer l'emploi, qui subsistait encore, de Restaurateur attitré des sculptures, et placer dans les galeries, tels qu'ils étaient, des fragments antiques, au nombre de plusieurs centaines, qui attendaient ignorés, dans des magasins, l'époque où des restaurations complètes les auraient mis en état de paraître aux regards du public. Je me bornerai à citer parmi ces fragments deux répétitions d'un des chefs-d'œuvre de Lysippe, l'Hercule ἐπιτραπέζιος[1] et une reproduction en marbre du célèbre Tireur d'épines, en bronze, du Capitole; reproduction qui nous met en mesure d'apprécier, mieux encore que ce bronze ne nous permettait de le faire, ce que devait être, si je ne me trompe, le style de Myron.

Il s'en faut donc de beaucoup que j'aie jamais pu songer à une « restauration » de la statue qui est le plus bel ornement de notre Musée.

Mais autant je suis convaincu qu'il faut conserver les monuments antiques sans essayer de rétablir ce que le temps en a détruit[2], autant je crois utile de chercher à en restituer, soit en dessin, soit même en plastique, les plus importants tels qu'ils durent être jadis, et à en retrouver ainsi la signification.

J'ai proposé, il y a déjà bien des années (1852), de former une collection de plâtres reproduisant les œuvres les plus caractéristiques de la sculpture rangées, autant que possible, dans l'ordre des temps et soigneusement purgées de toutes restaurations. Une semblable collection, dont j'ai fait voir, il y a quelques années, un spécimen, pour l'art antique, au Palais du Trocadéro, et que je commence au Louvre, serait d'une haute utilité et pour l'histoire de l'art et pour l'art même; et c'en serait, je crois, un très utile complément que des essais de restitution conjecturale des plus importants et des plus mutilés de ces monuments.

Dans les recherches que j'entreprends ici, il ne s'agit, en-

(1) Que j'ai publiées dans les *Mémoires de l'Académie des Inscriptions.*

(2) Ces idées, soumises à la Société des Amis des monuments parisiens, ont été adoptées par elle en 1888, puis, en 1889, par le Congrès archéologique réuni à l'occasion de l'Exposition universelle.

core une fois, sans toucher au monument qu'elles concernent, que de le restituer, autant que possible, par la pensée, tel qu'il était lorsqu'il sortit des mains de son auteur. C'est une entreprise analogue à celles auxquelles on s'est livré avec plus ou moins de succès, pour la restitution de monuments célèbres de l'architecture antique, des temples d'Athènes et d'Olympie, des palais de Ninive et de Suse, et que les connaisseurs n'ont pas désapprouvées.

I

Un paysan de l'île de Milo, nommé Yorgos, possédait un champ situé sous les murailles de l'ancienne ville, et non loin des ruines du théâtre. Il avait souvent extrait de ce champ des pierres et des marbres, et il en cherchait, le 8 avril 1820, pour les employer dans une construction qu'il projetait, lorsque, sous des terres que sa charrue fit ébouler, il vit s'ouvrir une espèce de chambre qu'avait cachée jusqu'alors l'exhaussement du sol; dans cette chambre lui apparut, posée à terre, la partie supérieure d'une statue de femme en marbre. C'était la Vénus de Milo. En ce moment un jeune élève de première classe de la marine française, M. Voutier, cherchait de son côté dans le même champ des morceaux de sculpture, et il en avait déjà déterré. Voyant le paysan se pencher pour regarder dans une cavité, et supposant qu'il venait de faire quelque découverte, il courut à lui, et aperçut ce que Yorgos venait en effet de trouver. Celui-ci allait recouvrir de terre le marbre qu'il avait mis au jour, et qui ne convenait pas à ses projets : M. Voutier le détermina à déblayer, au contraire, la cavité, qui pouvait contenir d'autres débris. Yorgos commença par porter le morceau important qu'il avait déjà trouvé dans une chaumière qui lui appartenait; il revint ensuite continuer sa fouille.

Avant de poursuivre ce récit, je dois expliquer comment il s'y rencontre un personnage qui n'a jamais figuré dans aucune des notices publiées jusqu'à ce jour sur la découverte de la Vénus de Milo.

M. Jean Aicard publia en 1874 un livre[1] où il affirmait, d'après des documents inédits qu'il croyait dignes de foi, et où M. de Marcellus et nos marins étaient accusés d'avoir dissimulé la vérité, que la Vénus de Milo avait été trouvée entière, debout sur un piédestal, et élevant de la main gauche une pomme : d'où il résultait qu'il fallait abandonner l'idée que cette statue eût fait partie d'un groupe. Je cherchai alors à réunir tous les renseignements qui pourraient servir à vérifier l'affirmation, et j'appris de la famille de M. de Marcellus qu'il existait encore, vivant dans une profonde retraite, un ancien officier de marine qui avait fait partie de l'équipage de la goélette *l'Estafette*, sur laquelle la Vénus de Milo, après la découverte qui en avait été faite, avait été embarquée. Cet officier était M. Voutier, que mentionne en effet M. de Marcellus, dans ses *Souvenirs d'Orient*, comme ayant été l'un de ses compagnons de voyage. La Grèce s'étant soulevée peu après contre la Turquie, M. Voutier, ardent philhellène, avait pris du service dans l'armée grecque, où il avait gagné le grade de colonel. Après la guerre, il s'était retiré à Hyères, son pays natal, d'où il n'était plus sorti.

Mme de Marcellus voulut bien se charger de demander par écrit à M. Voutier de me communiquer ce qu'il pourrait avoir su relativement à l'état où était la Vénus de Milo au moment où elle avait été découverte. M. Voutier répondit qu'il avait été présent à ce moment, qu'il avait alors dessiné la statue telle

[1] *La Vénus de Milo, recherches sur l'histoire de la découverte, d'après des documents inédits*, Paris, 1874.

qu'elle était, qu'il avait conservé son dessin et qu'il me le communiquerait si je le souhaitais. J'acceptai son offre, et, avec son autorisation, je donnai un fac-similé du dessin dans le journal *l'Art*[1].

Depuis, M. Voutier publia une brochure intitulée : *Découverte et acquisition de la Vénus de Milo* (1874), où il confirma qu'il n'avait d'abord été découvert que la moitié superieure de la statue, ajoutant qu'on avait trouvé ensuite la moitié inférieure et un fragment destiné à être placé entre les deux moitiés. M. Voutier croyait à tort, comme on le voit dans sa brochure, que, depuis, ce fragment avait été égaré[2].

M. Voutier, aussitôt qu'il eut examiné ce qu'avait découvert le paysan Yorgos, alla en parler à l'agent consulaire de France, M. Brest, et le pressa de chercher à acquérir la statue pour en assurer la possession à la France. Il retourna ensuite à bord de *l'Estafette*, et, sur son rapport et la vue de ses dessins, le commandant fit appareiller immédiatement pour Constantinople, afin d'aller instruire de l'événement notre ambassadeur, le marquis de Rivière.

M. Dauriac, capitaine de frégate, commandant *la Bonite*, arrivait à Milo le 11 avril, et il écrivait aussitôt au consul général de France à Smyrne, M. Pierre David : « Il a été trouvé, il y a trois jours, par un paysan qui piochait dans son champ, une statue de marbre blanc représentant Vénus recevant la pomme de Pâris. Elle est de grandeur plus que naturelle. On n'a dans ce moment que le buste jusqu'à la ceinture. J'ai été la voir. La tête m'a paru bien conservée ainsi que la chevelure. Le bout d'un des seins est cassé. » D'après les termes de cette

[1] Ce fac-similé est reproduit ci-dessous, pl. II, fig. 1, 2, 3, 4. — [2] Voir sur ce fragment Clarac, *Vénus de Milo*, p. 234, et ma notice de 1871.

lettre, M. Dauriac ne s'était pas transporté à la cachette d'où la Vénus avait été exhumée, mais seulement à la chaumière où Yorgos en avait tout d'abord déposé la partie supérieure, sans doute avec la main tenant une pomme qui avait été trouvée au même endroit. Autrement, d'où aurait-il pu induire que la déesse « recevait de Pâris la pomme de discorde »?

Le lendemain, 12 avril, M. Brest écrivait de son côté à M. Pierre David pour lui demander s'il désirait que la statue fût achetée pour le compte du Gouvernement français. Sa lettre, qui a été retrouvée dans les archives du Consulat général de France à Smyrne, à la suite de recherches demandées par M. le marquis de Vogüé, notre ambassadeur à Constantinople, est ainsi conçue :

« Je vous dirai, M. le Consul général, qu'un paysan vient de trouver, dans un champ à lui appartenant, trois statues en marbre représentant l'une une Vénus, tenant la pomme de discorde dans une main[1]. Elle est un peu mutilée; les bras sont cassés. Elle est partagée en deux pièces par la ceinture. Cela ne manque pas cependant que d'être un bon ouvrage. L'autre représente le dieu Herme, et la troisième un jeune enfant. Les opinions sont cependant très partagées, car il y a de ces messieurs les officiers qui l'ont observée, qui disent que ce n'est pas grand'chose, et d'autres, au contraire, disent que c'est un fort bel ouvrage. Les habitants, c'est-à-dire les primats, veulent qu'il en soit fait cadeau au drogman près du capitan-pacha. J'ai obtenu qu'il n'en soit rien fait jusqu'à ce que je leur donne une décision. Si vous désirez que je l'achète pour le compte du Gouvernement, je vous prie de me donner des ordres. »

[1] Les deux autres statues, sans têtes ni bras, représentant des femmes entièrement drapées, avaient été dessinées, comme la Vénus, par M. Voutier. Il les mentionne dans sa brochure de 1874, p. 7.

Peu de jours après, M. Duval d'Ailly, commandant de la station navale du Levant, et monté sur la gabarre *la Lionne*, arrivait à Milo : il voyait, lui aussi, dans la chaumière de Yorgos, la partie supérieure de la Vénus, et il écrivait à M. David, en des termes tout semblables à ceux dont s'était servi M. Dauriac.

M. David transmit aussitôt (25 avril) à M. de Rivière les informations qu'il avait reçues de M. Dauriac, de M. Brest, de M. Duval d'Ailly, et que lui avait confirmées de vive voix, en passant à Smyrne, M. Robert, le commandant de *l'Estafette*.

Sa lettre est ainsi conçue : « Monseigneur, M. le commandant Dauriac m'écrit de Milo le 11 que, trois jours auparavant, il a été trouvé dans cette île, par un paysan qui piochait dans son champ, une statue de marbre blanc représentant Vénus recevant la pomme; elle est de grandeur plus que naturelle; on n'a dans ce moment que le buste jusqu'à la ceinture. Cet officier est allé la voir : la tête lui a paru bien conservée ainsi que la chevelure. M. le commandant de *l'Estafette* l'a vue aussi et a trouvé le torse bien modelé; il pourra donner plus de détails à Votre Excellence. On a dit au paysan que la découverte qu'il avait faite était d'une grande valeur. Il y a des personnes, assure M. Dauriac, qui lui en ont déjà offert 1,000 piastres. M. Brest a obtenu des primats que la statue ne soit pas vendue jusqu'à nouvel ordre. Voyez, Monseigneur, si vous voulez prendre sur vous de faire cette acquisition pour le Musée royal. Il sera beau pour Votre Excellence d'avoir enrichi ce grand dépôt des arts. »

« *P.-S.* Je reçois une lettre de M. Brest; il annonce que le même paysan a trouvé deux autres statues, l'une représentant le dieu Herme et l'autre un jeune enfant. Il me fait observer que les opinions sont partagées, que quelques-uns de nos officiers ont trouvé que ces statues n'étaient pas d'un grand prix.

que quelques autres les ont regardées comme de beaux ouvrages. Mais l'opinion de nos marins ne peut pas faire autorité sur cette matière : il nous faudrait le coup d'œil d'un artiste, et nous n'en avons point à Smyrne en ce moment. Les primats, m'écrit M. Brest, veulent qu'il soit fait présent de cette statue au drogman près du capitan-pacha. Notre agent consulaire a obtenu qu'il n'en serait point disposé avant qu'il leur eût fait connaître la décision qu'il provoque, et il me propose de faire acheter ce marbre pour le compte du Gouvernement. Je n'ose prendre sur moi une pareille dépense; je vous prie, Monseigneur, de me donner vos ordres le plus tôt possible. »

En marge de cette dépêche est inscrite, de la main de M. de Rivière, cette note, dont la première phrase a dû être rédigée sur les détails qu'avait donnés à l'ambassadeur, d'après le récit de M. Voutier, le commandant de *l'Estafette* : « La statue est en fort mauvais état; elle pourra être restaurée. J'ai chargé M. le vicomte de Marcellus de l'acheter; il s'est acquitté de cette commission, et doit la rapporter sur *l'Estafette*. »

Un mois après, le 26 mai, M. Brest écrivait lui-même à M. de Rivière une lettre dont une copie s'est retrouvée parmi les papiers du vicomte de Marcellus, et que son frère survivant, M. Édouard de Marcellus, a publiée dans le journal *le Temps*, le 14 mai 1874. Cette lettre est ainsi conçue :

« Monseigneur,

« Il est impossible de vous exprimer les peines et les contrariétés que nous avons éprouvées jusqu'au moment où nous avons été en possession de la statue en question trouvée à Milo, ainsi que les tonnes (Hermès?), inscriptions et autres. Permettez, Monseigneur, que je vous fasse part, relativement à cela, de quelques petits détails.

« Lorsque cette statue fut trouvée, il y a un mois, par un laboureur, j'en fus de suite prévenu. Je me portai de suite dans le lieu même pour les observer : elles me parurent dignes pour le Musée de Sa Majesté. Je fis aussitôt prévenir MM. les commandants des bâtiments de Sa Majesté qui étaient mouillés dans le port, la gabarre *la Lionne*, commandée par M. Duval-d'Ailly, et la goélette *l'Estafette*, commandée par M. Robert. Tous d'accord, nous avons trouvé ces objets très bons. M. le commandant Dauriac, M. le commandant Gauthier, ainsi que M. de Châteauville, arrivés après, ont tous été de notre opinion. J'ai donc voulu contracter avec le propriétaire. Mais les habitants de l'île lui ayant fait croire qu'elle valait 20 à 30,000 francs, je n'en ai rien fait. J'en ai donné avis à M. David, notre consul général à Smyrne, et auquel je priais de vouloir bien vous en donner connaissance.

« J'ai promis à MM. les commandants que je ferais mon possible pour que personne ne les emportât jusqu'à ce que nous eussions une réponse de Votre Excellence ou de M. le Consul général. Les primats de l'île ayant été informés du prix de la statue et craint que le drogman du capitan-pacha en eût connaissance, ont défendu au propriétaire de la vendre, de peur que ledit drogman ne la réclamât, et, après ce délai, il serait libre de la vendre à moi et pas à personne autre, si je voulais en faire l'achat pour le Musée de Sa Majesté.

« Après le départ de ces bâtiments, une personne ecclésiastique de cette île, nommée Economo Vergi, venant de Constantinople, où il avait été pour les affaires de cette communauté, a communiqué verbalement aux primats de cette île qu'étant à Constantinople, le drogman lui avait dit qu'il désirait avoir toutes sortes d'antiquités qui se trouveraient dans cette île; il a de suite contracté avec le propriétaire de la statue, et il a fini par l'obtenir, comme par force, pour la somme de 750 francs. Moi, l'ayant su, j'ai envoyé chercher les primats, et je leur ai demandé si c'est par ordre du drogman que l'on venait d'acheter la statue. Ils m'ont tous répondu qu'ils n'avaient aucun ordre par écrit, mais que c'est pour lui que le susdit Economo l'a contractée, dans l'espoir qu'il lui restituerait la même somme et quelques cadeaux.

« Il l'avait fait transporter au bord de la mer le 10 du courant, dans l'intention de prendre passage sur deux bâtiments de commerce français, l'un le brick *le Saint-Jean-Baptiste*, capitaine Salvy, et l'autre la bombarde *l'Aimable Marie-Cécile*, capitaine Jean Gros d'Agde. L'ayant su, j'ai de suite été trouver ces capitaines pour les engager à ne pas lui donner passage. D'après ce refus, ledit Economo s'est dirigé sur un bâtiment russe, commandé par le capitaine Cristophoro Burcowich, avec lequel il avait été d'accord pour la somme de cent et quelques piastres.

« Il m'est impossible, Monseigneur, de vous exprimer quelle fut ma douleur lorsque je vis ces objets nous échapper. Mon zèle, mon dévouement, le désir de procurer au Musée de Sa Majesté des pièces qui en fussent l'ornement et qui rappelassent le talent des anciens artistes, la promesse que j'avais faite à MM. les commandants des bâtiments de la division, celle que j'avais donnée à M. le Consul général et, par son canal, à Votre Excellence, toutes ces considérations m'ont obligé d'écrire au dit capitaine pour l'engager à ne pas prendre ledit prêtre à son bord. Je prends la liberté de vous envoyer copie de ma lettre. Sur ma demande, le passage lui a été refusé, sans cependant lui faire connaître que cela venait de moi.

« Le 14 de ce mois, j'ai reçu une lettre de M. David, de Smyrne, dans laquelle il me disait de conserver ladite statue.

Le sieur Pietro Taltavaki, le premier primat de cette île, nous a beaucoup servi dans cette affaire. Il est cependant au désespoir par la raison que ce prêtre Economo qui avait acheté la statue, et lequel s'est très mal comporté avec nous, et qui nous a donné des mortifications que M. de Marcellus ne souffrira certainement pas et dont il vous parlera à son arrivée chez vous, ce dit prêtre va partir pour Constantinople pour aller persécuter lesdits primats, surtout Pietro Taltavaki. Je vous supplie, Monseigneur, de vouloir bien employer votre autorité pour le faire rentrer dans les bornes de ses devoirs, pour l'exemple de quelques autres qui voudraient aussi faire les méchants. Veuillez bien m'honorer d'une réponse et obtenir une lettre du drogman, surtout pour Pétraki qui est on ne peut plus désespéré parce qu'il craint que le drogman ne le trouve répréhensible. C'est la grâce que je demande à Votre Excellence, et qui est très utile sous tous les rapports. Il est question d'une autre statue qui existe dans l'île. Après la lettre du drogman, j'aurai plus de facilité à faire des recherches, ainsi que d'autres choses.

« Je dois envoyer à Smyrne une urne que j'ai trouvée ici, pour le Musée de Sa Majesté.

« *L'Estafette* est partie le 25 pour Rhodes, emportant la statue. La corvette *l'Espérance* s'est présentée ici dans ce port au moment que *l'Estafette* débouchait. M. le commandant baron des Rotours venait exprès pour faire l'achat de la statue; mais l'ayant informé que M. de Marcellus venait de l'acheter, il est parti sans relâcher et a été faire une tournée dans les îles où existait, à ce que je lui ai dit, un bateau suspect.

« Malgré que le sieur Pétraki Taltavaki nous ait beaucoup servi dans cette affaire, je supplie Votre Excellence de ne pas faire connaître son nom au drogman. Je vous l'ai cité pour faire connaître à Votre Excellence un partisan ami des Français. »

Il résulte, comme on le voit, de toutes ces lettres, aussi bien que du témoignage de M. Voutier, que, bien loin que la Vénus de Milo ait été trouvée entière, on n'en trouva d'abord que la partie supérieure, et qu'à cette partie même il manquait les bras. Une main tenant une pomme, découverte au même endroit, semblait seulement donner lieu à nos officiers, d'ailleurs peu experts en ces matières, de croire que la déesse avait montré cette pomme comme le prix que lui avait décerné Pâris. C'était là, de leur part, une pure supposition.

Le seul, parmi tous ceux qui figurent dans cette correspondance, qui s'entendît aux choses d'art, celui qui, avec Yorgos, avait vu le premier la statue, qui avait contribué à ce que le paysan la tirât de la terre, et qui enfin en avait le premier conseillé l'acquisition, M. Voutier, n'y est pas nommé une fois. Cette omission doit sans doute s'expliquer par la jeunesse de cet officier et le peu d'importance de son grade, circonstances par lesquelles on se sera cru autorisé à ne pas parler de lui. On pourra remarquer aussi que dans sa seconde lettre M. Brest n'en est plus à hésiter, comme dans la première, sur le point de savoir si la Vénus qui a été trouvée est ou non « un bon ouvrage »; il parle en connaisseur qui en porte, avec d'autres, un jugement favorable, et dont l'opinion doit compter. On verra bientôt un nouveau progrès dans ses prétentions à jouer en cette affaire un rôle important.

Des termes de sa première lettre il ressort que la Vénus de Milo, lorsqu'il alla l'examiner, n'avait pas ses bras : « ses bras sont coupés ».

3
IMPRIMERIE NATIONALE.

Dans une autre lettre, écrite le 26 novembre, après que M. le duc de Rivière avait passé par Milo sur le bâtiment qui portait la statue, il écrivait à M. de Viella, chargé d'affaires à Constantinople : « Son Excellence m'a laissé des ordres pour faire des recherches pour trouver les bras et autres débris de la statue; mais pour cela il serait urgent d'obtenir un bougourouldou qui nous permît de faire des fouilles à nos frais; car, dans la même niche où elle a été trouvée, il y a lieu d'espérer que l'on doit trouver d'autres objets. » M. Brest ne pensait pas alors à affirmer, comme il le fit depuis, que les bras de la Vénus de Milo avaient été brisés et perdus sur le rivage, dans une lutte engagée à son sujet; lutte à laquelle il ne fait aucune allusion dans sa longue lettre de la fin de mai à M. de Rivière, et à laquelle ne laisse en effet aucune place le récit qu'il y fait des événements; les termes de sa lettre du 26 novembre impliquent que ces bras n'avaient pas été trouvés encore, et que c'était à l'endroit même d'où la statue était sortie qu'on pouvait espérer, à son avis, qu'une nouvelle fouille les ferait découvrir.

Le 16 avril, la gabarre *la Chevrette* abordait Milo. Elle portait, entre autres officiers, M. Dumont d'Urville, alors simple enseigne de vaisseau, et qui s'occupait surtout de recherches d'histoire naturelle. Descendu à terre pour herboriser, il eut aussitôt connaissance de la découverte qu'avait faite Yorgos, la vérifia, et en fit le sujet d'un rapport adressé à son commandant. Il ne semble pas qu'on lui eût rien dit de ceux qui avaient vu avant lui la Vénus, car il n'y fait aucune allusion. Son rapport qui, après avoir été communiqué d'abord au commandant de *la Chevrette*, ensuite à M. de Rivière, et, plus tard, lu à l'Académie des sciences, fut enfin publié dans les *Annales maritimes*, est conçu comme il suit :

« Le 19 (avril) j'allai visiter quelques morceaux d'antiques découverts peu de jours avant notre arrivée. Comme ils m'ont paru dignes d'attention, je vais consigner ici avec une certaine étendue le résultat de mes observations. Sur un coteau rocailleux, non loin du village moderne nommé Castro par les habitants et connu par la plupart des marins français sous le nom de Six Fours, fut découvert, il y a un petit nombre d'années, un amphithéâtre en marbre bien conservé, et dont le prince de Bavière a fait l'acquisition. Tout à l'entour la terre est jonchée de tronçons de colonnes et de morceaux de statues. On rencontre çà et là d'énormes fragments de murailles d'une construction très solide, et plusieurs tombeaux considérables ont été rouverts dernièrement par la curiosité des étrangers et la cupidité des habitants. Tout enfin annonce que l'antique Mélos dut être bâtie sur ce monticule. Trois semaines environ avant notre arrivée à Milo (d'après ce qu'on vient de lire, cette durée doit être réduite à onze jours), un paysan grec, bêchant son champ renfermé dans cette enceinte, rencontra quelques pierres de taille. Comme ces pierres, employées par les habitants, ont une certaine valeur, cette considération l'engagea à creuser plus avant, et il parvint ainsi à déblayer une espèce de niche dans laquelle il trouva une statue en marbre, deux hermès, et quelques autres morceaux egalement en marbre. La statue était de deux pièces, jointes au moyen de deux forts tenons en fer. Le Grec, craignant de perdre le fruit de ses travaux, en avait fait porter et déposer dans une étable la partie supérieure, avec les deux hermès, l'autre était encore dans la niche. Je visitai le tout attentivement, et ces divers morceaux me parurent d'un bon goût, autant cependant que mes faibles connaissances dans les arts me permirent d'en juger.

« La statue, dont je mesurai les deux parties séparément,

avait, à très peu de chose près, six pieds de haut. Elle représentait une femme nue dont la main gauche relevée tenait une pomme, et la droite soutenait une ceinture habilement drapée et tombant négligemment des reins jusqu'aux pieds; du reste, elles ont été l'une et l'autre mutilées, et sont actuellement détachées du corps. Les cheveux sont retroussés par derrière, et retenus par un bandeau. La figure est très belle, et serait bien conservée si le bout du nez n'était entamé. Le seul pied qui reste est nu; les oreilles ont été percées et ont dû recevoir des pendants. Tous ces attributs sembleraient assez convenir à la Vénus du jugement de Pâris; mais où seraient alors Junon, Minerve et le beau berger? Il est vrai qu'on avait trouvé en même temps un pied chaussé d'un cothurne et une troisième main; d'un autre côté, le nom de l'île, Milos, a le plus grand rapport avec le mot *μῆλον*, qui signifie pomme. Ce rapprochement de mots ne serait-il pas indiqué par l'attribut principal de la statue?

« Les deux hermès qui l'accompagnaient dans sa niche n'ont rien de remarquable : leur hauteur est de trois pieds et demi. L'un est surmonté d'une tête de femme ou d'enfant, et l'autre porte une figure de vieillard avec une longue barbe.

« L'entrée de la niche était surmontée d'un marbre de quatre pieds et demi environ de longueur, sur six à huit pouces de largeur. Il portait une inscription dont la première moitié seule a été respectée par le temps, l'autre est entièrement effacée. Cette perte est inappréciable; peut-être eussions-nous acquis par là quelques lumières sur l'histoire de cette île que tout prouve avoir été jadis très florissante, et dont le sort nous est complètement inconnu depuis l'invasion des Athéniens, c'est-à-dire depuis plus de vingt siècles. Au moins eussions-nous appris à quelle occasion et par qui ces statues avaient été consacrées. Néanmoins j'ai copié avec soin les caractères qui restaient encore de cette inscription, et je puis les garantir tous, excepté le premier, dont je ne suis pas sûr. Le nombre que j'indique pour la partie effacée a été estimé d'après l'espace qu'occupent les lettres apparentes.

« Le piédestal d'un des hermès a dû porter aussi une inscription, mais les caractères en sont tellement dégradés qu'il m'a été impossible de les déchiffrer.

« Lors de notre passage à Constantinople, M. l'Ambassadeur m'ayant questionné sur cette statue, je lui dis ce que j'en pensais, et je remis à M. de Marcellus, secrétaire d'ambassade, la copie de la notice qu'on vient de lire.

« À mon retour, M. l'Ambassadeur m'apprit qu'il en avait fait l'acquisition pour le Muséum, et qu'elle était embarquée sur un des bâtiments de la station. J'ai su depuis que M. de Marcellus arriva à Milo au moment même où la statue allait être embarquée pour une autre destination; mais, après divers obstacles, cet ami des arts parvint enfin à conserver à la France ce précieux reste d'antiquité. »

Dans une copie manuscrite de ce rapport, que son auteur avait adressée le 24 novembre 1820 à la Société des sciences et arts de Toulon et qu'un critique, Léon Lagrange, qui croyait la pièce entièrement inédite, publia dans les *Archives de l'Art français*[1], il se trouve cette addition :

« Cependant à notre second passage à Milo, au mois de septembre, j'eus le regret d'apprendre que cette affaire n'était pas encore terminée. Il paraît que le paysan, ennuyé d'attendre, s'était décidé à vendre sa statue moyennant 750 piastres à un prêtre du pays qui voulait en faire cadeau au drogman du ca-

[1] Deuxième série, t. II, p. 202, année 1863.

pitan-pacha, et M. de Marcellus arriva au moment même où elle allait être embarquée pour Constantinople. Désespéré de voir que ce beau morceau d'antiquité allait lui échapper, il mit tout en œuvre pour le ravoir, et, grâce à la médiation des primats de l'île, le prêtre consentit enfin, mais non sans répugnance, à se désister de son marché et à céder la statue. Mais, par la suite, il fit payer cher aux primats de l'île l'intérêt qu'ils avaient témoigné aux Français; il les avait dénoncés au drogman, et, durant notre séjour à Milo, quelques-uns venaient d'être conduits près de cet envoyé alors en tournée dans les îles voisines. On craignait qu'ils n'eussent à subir de mauvais traitements ou tout au moins de fortes avanies[1]. »

On voit par plusieurs passages de cet écrit que si Dumont d'Urville était versé dans les sciences, il ne l'était pas, comme il l'avoue du reste, dans les arts. Ses observations, relativement aux objets qu'il a sous les yeux, manquent sur plusieurs points d'exactitude et ses expressions de justesse. Les deux hermès trouvés tout d'abord avec la statue, et qu'on voit au Louvre, sont surmontés l'un d'une tête à longs cheveux et longue barbe qui est celle d'un Mercure ou d'un Bacchus, tels qu'on les représenta dans le style archaïque, l'autre de la tête d'un jeune homme à cheveux courts, ceints d'un bandeau, qui est celle d'un Mercure, sinon peut-être d'un Thésée. Dumont d'Urville fait de celle-ci la tête d'une femme ou d'un enfant : singulière erreur et non moins singulière alternative. Dumont d'Urville n'a relevé d'inscription, outre une grande qu'il a copiée, et qui a été publiée, que sur l'un des deux her-

[1] Les primats furent en effet fort mal traités par le prince Morousi, comme M. de Marcellus le raconte dans ses *Souvenirs d'Orient* (II, 251-252). Ils demandèrent une indemnité de 7,218 piastres à M. de Rivière, qui la leur fit payer de ses deniers. Leur quittance en grec, revêtue de leurs signatures et scellée du sceau de la commune de Milo, se trouve aux Archives nationales.

mès : et elle lui a paru indéchiffrable. Or chacun des deux hermès portait une inscription que reproduit le dessin de M. Voutier, et sur ce dessin si l'une des deux est assez difficile à déchiffrer, l'autre est, au contraire, très lisible. Elle a été publiée, telle absolument que l'avait copiée M. Voutier, par M. de Clarac. Dumont d'Urville donne au théâtre de Milo, dont il subsiste des restes importants, le nom d'amphithéâtre, qui a un autre sens. Il donne le nom de ceinture au *peplus* ou manteau qui enveloppe toute la partie inférieure du corps de la Vénus. Il dépeint cette draperie comme tombant négligemment des reins jusqu'aux pieds, tandis qu'elle est jetée autour des hanches; il suppose (comme d'autres, du reste, l'ont fait après lui) que la main droite la soutenait, tandis qu'elle se maintient par le seul effet du frottement de l'étoffe et de son poids, comme on le voit et sur toutes les reproductions connues de la statue, et sur la prétendue Médée du Vatican, vêtue d'une draperie toute semblable. On ne doit donc pas se fier entièrement à son langage, comme ont cru pouvoir le faire quelques antiquaires, et quand il paraît décrire, on ne peut pas être assuré qu'il n'imagine pas. Tandis qu'il s'exprime comme s'il avait vu la statue, ou au moins la partie supérieure de la statue, avec les deux mains en place et en action, il ne fait, en réalité, qu'énoncer une conjecture, puisqu'il ajoute aussitôt : « du reste elles (les mains) ont été l'une et l'autre mutilées et sont actuellement détachées du corps ». Notons encore que par le bras et la main droite, dans ces deux phrases, on ne peut entendre que ce bras et cette main tels que se les figurait l'écrivain, car le bras et la main droite manquaient et n'ont jamais été retrouvés.

Quant à la troisième main mentionnée par Dumont d'Urville, aucun autre n'en a jamais rien dit : il est assez probable qu'il désigne ainsi un bras droit avec main mutilée, d'un marbre et d'un travail grossiers, qui figure dans l'inventaire dressé par M. de Marcellus de tout ce qui lui fut remis avec la Vénus, et que j'ai retrouvé au Louvre.

En somme, Dumont d'Urville, dans sa description, n'a fait que restituer par conjecture la statue telle que la lui faisait imaginer le fragment d'une main gauche dont elle était accompagnée.

Frappé de ce qu'a d'inconciliable avec une description de la Vénus qui la représente comme ayant ses bras et ses mains, la phrase subséquente où l'écrivain ajoute : « ils sont actuellement mutilés et détachés de la statue », Léon Lagrange a avancé la supposition que c'était là une addition postérieure de l'auteur au texte primitif; mais cette supposition, inspirée par le désir de sauver l'idée que Dumont d'Urville avait vu la statue encore entière et telle qu'il paraissait la décrire, est entièrement gratuite. Il est plus naturel de croire que l'auteur du rapport, peu expert, encore une fois, en matière d'art, a présenté sous forme de description ce qui pourtant n'était que supposition. En résumé, il résulte de son rapport, tout aussi bien que des lettres de M. Dauriac et de M. Brest et du témoignage ainsi que des dessins de M. Voutier, que la statue était en pièces et sans bras.

Pendant qu'on informait l'ambassadeur de France de la découverte qui venait d'être faite à Milo d'une statue d'importance, M. Brest s'était décidé à suivre le conseil qui lui avait été donné de chercher à en faire l'acquisition, et il avait obtenu de Yorgos, comme on l'a déjà vu, la promesse de ne la vendre à aucun autre jusqu'à ce que l'ambassadeur eût fait connaître sa décision.

Cependant un prêtre de Milo, qui avait besoin de se concilier un personnage puissant à Constantinople, imaginait, comme on l'a vu aussi, pour se le rendre favorable, de lui faire présent de la statue qu'on venait de découvrir, et il obtenait de Yorgos qu'il la lui vendît.

M. de Rivière, de son côté, s'était résolu, sur les rapports qui lui avaient été faits, à acquérir la Vénus afin de l'offrir à son souverain.

En conséquence, il chargea un des secrétaires de l'ambassade, M. de Marcellus, qui avait une mission à remplir dans plusieurs ports du Levant, de se rendre à Milo et d'y acheter pour lui la statue qu'on y avait découverte. M. de Marcellus s'embarqua sur *l'Estafette,* toujours commandée par le capitaine Robert, et portant encore le jeune Voutier. Comme ils arrivaient en vue de l'île (le 22 mai), ils aperçurent un canot pesamment chargé qui, se détachant de la rive, se dirigeait vers un navire ragusais, le *Galaxidi*, mouillé en rade. Le canot contenait la Vénus, expédiée ainsi par le prêtre arménien au bâtiment qui devait la porter au prince Morousi. L'agent consulaire de France, apprenant l'arrivée de *l'Estafette,* accourut à son bord, et raconta ce qui s'était passé. M. de Marcellus descendit aussitôt à terre, réunit les primats de l'île, obtint d'eux qu'ils annulassent la convention faite en violation de la promesse qu'avait obtenue l'agent français, et qu'un nouveau marché définitif fût conclu en faveur de l'ambassadeur de France.

Aussitôt les marins de *l'Estafette* allèrent réclamer au capitaine du bâtiment ragusais la statue qu'il avait embarquée, et il la leur remit.

On lit dans le journal de bord du commandant Robert, qui se trouve aux archives du ministère de la Marine : « J'appareillai le 21 pour Milo, et j'y mouillai le 22. Le 24 j'embarquai une statue de Vénus en marbre de Paros achetée pour le compte de Son Excellence l'Ambassadeur.» Et il ajoute qu'il manque à cette statue le nez, les bras et un pied.

La Vénus de Milo passait ainsi de cette phase de son histoire où se la disputaient l'agent consulaire français et un prêtre arménien à cette autre où elle devint, par l'entremise de M. de Marcellus, la propriété de notre ambassadeur.

S'il fallait admettre ce que raconta plus tard l'agent consulaire, le changement de propriétaire ne se serait pas accompli sans des accidents et des violences dont la statue, entière jusque-là, aurait beaucoup souffert.

En 1847, M. Brest affirmait à M. Piscatory, ministre de France en Grèce, et à M. Doussault, architecte, qui se trouvait alors aux environs d'Athènes, qu'il avait vu la Vénus au moment de la découverte, debout sur un piédestal; ses bras étaient cassés, mais ils gisaient à terre devant elle : l'un, fléchi, tenait une pomme; en rajustant ces bras à leur place il s'était assuré que la déesse élevait la pomme en l'air de la main gauche et de la droite retenait sa draperie. Il répétait ainsi ce que M. Dumont d'Urville avait dit dans son rapport. Mais, en changeant ce qui n'avait été de la part de Dumont d'Urville qu'une conjecture en une description d'un état de la statue où il l'aurait vue de ses yeux, il oubliait que, d'après ce qu'il avait écrit originairement et que confirment pleinement, sans parler du témoignage alors inédit de M. Voutier, les lettres de MM. Dauriac et Duval d'Ailly et le rapport même, si on l'examine attentivement, de Dumont d'Urville, les deux parties de la statue n'avaient été découvertes que successivement. Il oubliait la lettre qu'il avait écrite dans les derniers jours de mai 1820 à M. de Rivière, et dans laquelle il avait fait de la manière dont la Vénus de Milo avait passé de l'île sur le bâtiment ragusais, d'où elle fut transférée à bord de *l'Estafette*, un récit qui ne laisse aucune place à la supposition d'un combat où on se la serait disputée. Il oubliait enfin ce qu'il avait écrit, le 20 novembre 1820, de recherches qu'il faudrait faire, conformément à des ordres de M. de Rivière, dans la cavité où la Vénus de Milo avait été découverte, «pour trouver les bras et autres débris de la statue».

À sa soi-disant description de la statue au moment de la découverte M. Brest avait dû ajouter de bonne heure des discours où il en expliquait par des événements postérieurs à la découverte les mutilations et les lésions.

M. de Clarac, conservateur des antiques du musée, dit dans sa notice de 1821 sur la Vénus de Milo : «Les épaules ont été plus endommagées que le reste : les traces des cordes dont on avait lié la statue, et qui avaient sali le marbre, indiquaient qu'elle avait été traînée le long du rivage pour la conduire à bord du bâtiment grec; et c'est dans ce fatal trajet que les épaules et quelques parties du dos et des hanches ont été froissées. Le marbre a même été étonné et enlevé sur chaque épaule dans une largeur de quelques doigts.»

Et il ajoutait, supposant, sans doute, quoiqu'il ne le dise pas expressément, que la rupture des bras avait été un effet des mêmes causes : «Mais le tort le plus grave qu'ait éprouvé notre statue, c'est la perte d'une partie de ses bras, perte qui mettra longtemps et peut-être toujours les antiquaires à la torture».

M. de Clarac devait tenir ce qu'il croyait savoir de M. de Marcellus, car celui-ci dit, dans ses *Souvenirs d'Orient* : «Le moine grec (qui avait acheté la Vénus) n'avait apporté aucune précaution au transport des marbres sur la plage et sur la mer. C'est aux accidents et aux secousses de ces trajets qu'il faut attribuer les éclats récents qu'on peut remarquer sur le buste de la statue et surtout la dégradation des plis de la draperie. »

Mais les avaries dont il s'agit ne peuvent avoir été produites par un frottement sur des cailloux : car en premier lieu telle est la courbure du dos, qu'en supposant que la statue ait été traînée sur le sol les épaules ne pouvaient y toucher; en second lieu ces avaries consistent en de grands éclats détachés de la masse du marbre, et ils ne peuvent évidemment l'avoir été que par des coups très violents; enfin aux endroits des épaules ainsi offensés, comme à l'articulation brisée du haut de l'humérus, le marbre est revêtu d'une patine qui ne peut être que l'œuvre de longs siècles[1]. Les plus graves lésions remontent donc aux temps lointains qui précédèrent le moment où la statue fut portée dans la cachette de laquelle Yorgos la tira. Il ne reste à expliquer, peut-être, par quelques fausses manœuvres dans le transport de la statue, que quelques cassures peu importantes des plis de la draperie.

Maintenant, d'où M. de Marcellus lui-même tenait-il ce qu'il dut dire à M. de Clarac et qu'il répéta ensuite dans ses *Souvenirs d'Orient?* Il n'avait pas été témoin des faits prétendus qu'il relatait. Il en tenait le récit, selon toute apparence, de l'agent consulaire qui était venu l'entretenir à bord de *l'Estafette* de ce qui s'était passé, et avec lequel, lors de ses négociations avec les primats, il dut avoir de fréquents rapports.

M. Brest ne s'en tint pas là. Il raconta plus tard, pour expliquer l'état de la statue, si différent de celui dans lequel il affirmait l'avoir vue tout d'abord, un combat où on se l'était disputée, et où elle avait souffert toutes sortes de dommages.

[1] Remarque que fit le premier M. de Longpérier.

En 1829, il disait à M. Virlet d'Aoust, membre de l'expédition scientifique de Morée, que « le chef-d'œuvre avait été enlevé un peu de force ou plutôt d'autorité, mais qu'il n'y avait pas eu de combat proprement dit[1]. »

En 1847, entretenant M. Doussault de l'état où il prétendait avoir vu la statue lorsqu'elle venait d'être découverte, il lui parlait d'une « lutte » qui avait eu lieu au moment de l'embarquement[2].

En 1867, il disait à M. Morey, archéologue alors de passage à Milo, qu'une sorte de « bataille » s'était livrée entre les marins turcs ou grecs et français, et que c'était dans cette bataille que la statue avait été endommagée[3].

Ce récit, répandu dans l'île et redit à tous les navigateurs qui y relâchaient, et qui étaient alors en grand nombre, entre autres M. de Salicis, capitaine de frégate, finit par se traduire en une relation écrite qui, rédigée, dit-on, par un officier de marine en retraite, fut mise au jour plusieurs années après la mort de son auteur, vrai ou prétendu, en 1874, par M. Jean Aicard[4], et fit alors beaucoup de bruit.

La copie du rapport de Dumont d'Urville adressée par lui à la Société des sciences et arts de Toulon se termine, d'après le témoignage de M. Jean Aicard, par une note, qui ne se trouve pas dans les *Annales maritimes*, où le rapport avait été publié, et dans laquelle, après avoir dit que ses travaux scientifiques n'auraient pas eu les résultats qu'il obtint si son capitaine et ses collègues ne l'eussent pas secondé de tous leurs moyens, l'auteur ajoute : « M. Gautier eut constamment l'atten-

[1] Lettre de M. Virlet d'Aoust à l'Académie des inscriptions, datée du 3 juillet 1874, et publiée dans les *Comptes rendus* de cette Académie.

[2] Doussault, *La Vénus de Milo, documents inédits*, 1877.

[3] *Mém. de l'Ac. de Stanislas*, 1867, p. 7.

[4] Jean Aicard, *La Vénus de Milo*, p. 70.

tion de m'emmener avec lui dans les relâches où la nature de son travail ne lui permettait de séjourner que peu d'instants. Mes camarades se sont toujours prêtés à cet arrangement avec la plus grande complaisance. Enfin je dois particulièrement à M. Matterer, notre lieutenant, officier d'un grand mérite, et l'un de mes bons amis. Je n'oublierai jamais qu'il a eu la bonté de se charger de mon service toutes les fois qu'il eût pu me retenir à bord. »

À la suite de cette note M. Matterer, alors retiré à Toulon, aurait écrit : « Les dernières lignes de cet intéressant journal flattent mon cœur et m'honorent... » Puis : « On regrette que l'Académie du Var n'ait pas encore fait imprimer cet intéressant manuscrit, surtout dont l'auteur était un de ses honorables membres. Cela serait cent fois plus utile que des fables et des discours, et ce serait aussi un hommage rendu à la mémoire de ce célèbre navigateur[1]. » M. Matterer, si cette note émane en effet de lui, aurait oublié ici, chose bien étrange, que le rapport de ce Dumont d'Urville, dont il avait lui-même écrit la vie, avait été publié dès longtemps dans un recueil que lisaient tous les marins.

À la marge du passage de ce rapport où il est raconté que la Vénus fut cédée aux Français sur les instances de M. de Marcellus, M. Matterer aurait encore écrit ces mots : « On a trompé M. Dumont d'Urville à son retour à Milo, ou bien il n'a pas voulu dire ce que l'on a fait pour obtenir la statue de Milo; car elle a été enlevée par la force brutale, et on le dit encore en 1838 dans cette île. On lui a fait un conte qui n'est pas vrai, et ce que l'on dit ici est la vérité[2]. »

De l'avant-dernière phrase de cette note il paraît résulter qu'il faut la dater de 1838.

[1] Jean Aicard, *La Vénus de Milo*, p. 185. — [2] *Ibid.*, p. 181.

Dans une autre note, également jointe au manuscrit de d'Urville, M. Matterer aurait dit encore : « Lorsque M. d'Urville et moi nous avons vu la statue dans la cabane, elle avait encore son bras gauche; le droit était brisé à la hauteur de la saignée, mais le bras gauche existait : la main élevée en l'air tenait une pomme. On a brisé le bras gauche à dessein pour faire symétrie avec l'autre, auquel il manquait l'avant-bras. Si M. d'Urville a cru devoir donner à cette statue antique le nom de *Venus Victrix,* c'est à cause de la pomme qu'elle tenait à la main gauche. Si elle avait eu les deux bras cassés quand nous l'avons vue, cette idée n'aurait pu lui venir. »

M. Matterer aurait donc écrit en 1838, si les notes dont il s'agit sont bien de lui, que son ancien compagnon s'était laissé tromper ou avait lui-même trompé sciemment sur la manière dont avait été acquise la Vénus de Milo. C'était lui, au contraire, qu'auraient égaré de faux récits qu'on lui avait répétés comme provenant de bonne source, et qui lui auraient persuadé, en brouillant ses souvenirs, qu'il avait vu lui-même autrefois ce que prétendait avoir vu M. Brest.

En 1842, M. Dumont d'Urville étant venu à périr de la manière tragique que l'on sait, M. Matterer avait publié dans les *Annales maritimes* une notice nécrologique sur son illustre ami. Il y avait raconté qu'il avait vu avec Dumont d'Urville la Vénus trouvée par Yorgos, ajoutant, dans des termes tout semblables à ceux que M. Brest avait employés dans sa lettre du 12 avril 1820 à M. Pierre David : « Les deux bras étaient malheureusement cassés. » Il n'en aurait pas moins écrit en 1858, a-t-on assuré à M. Jean Aicard, un mémoire, qui ne devait pas être publié de son vivant, où il aurait affirmé, comme dans les notes manuscrites de 1838, que la Vénus de Milo avait été enlevée de vive force par nos marins, et dans lequel, démentant d'abord ce que M. Dumont d'Urville dans son rapport de 1820 et lui-même dans sa notice nécrologique de 1842 avaient assuré concernant une circonstance importante de l'état où ils avaient vu la statue, à savoir que ses deux bras étaient cassés, puis accusant, en conséquence, et M. d'Urville et nos autres officiers et s'accusant lui-même d'avoir caché ou nié la vérité, il aurait ajouté : « Le bras gauche a été coupé, ce qui est une mutilation, et je le soutiens ici, parce que j'ai vu le bras gauche, la main et la pomme, et j'ai encore très bonne mémoire, et je ne sais pas faire le plus petit mensonge, Dieu merci. Ici je cause tout simplement avec le bien bon M....., et je vais maintenant lui raconter comment on a agi pour obtenir cette statue après qu'elle avait été achetée et payée par un prêtre arménien, comme je l'ai déjà dit. La nation française ne sait pas cela; eh bien! moi, je vais le dire, parce que, à mon âge, je ne redoute plus la colère des hommes, surtout celle de ceux qui sont le plus haut placés dans ce monde. Voici le fait. Quand j'écrivis ma notice historique, en 1842, sur l'amiral d'Urville, c'eût été une très grande imprudence de ma part si j'avais raconté tout ce qui a été dit et fait pour acquérir la statue de Milo. J'aurais encouru la colère des grands hommes de Paris, surtout celle du Ministre de la marine, et bien certainement ce ministre n'aurait pas fait imprimer ma notice, et il m'aurait peut-être mis en retraite. — Quand M. de Marcellus arriva à Milo, cette statue était bien encaissée, et on l'avait placée sur le rivage pour l'embarquer. Je ne puis pas m'empêcher de dire ici que si, par un miracle, cette belle Vénus avait pu se transformer en Vénus vivante, elle eût gémi et pleuré à chaudes larmes, en se voyant traînée sur la grève, bousculée, roulée par des hommes furieux et en colère, car elle a failli être jetée à la mer, et voici pourquoi : M. de Marcellus étant sur le pont de *l'Estafette*, tout prêt à descendre à terre, aperçut un grand rassemblement d'hommes sur le rivage, et il se douta qu'il allait y avoir une petite bataille, parce que le prêtre arménien avait un assez grand parti parmi les Grecs de sa religion; c'est pourquoi il dit à M. Robert : « Il faut nous armer de fusils et de sabres avec « une vingtaine de marins également armés. » C'est ce qui fut fait sur-le-champ. On s'embarque dans la chaloupe et on arrive à terre où il y avait un vacarme autour de la caisse qui renfermait la belle Vénus de Milo, et les Grecs paraissaient bien décidés à ne pas laisser enlever la statue; mais à un signal du capitaine de *l'Estafette*, homme très énergique, qui cria tout à coup : « À moi, mes matelots, et enlevez cette caisse et embar- « quez-la dans ma chaloupe », alors la bataille commença; les sabres et les bâtons voltigèrent; il y en eut plusieurs qui tombèrent sur le dos et sur la tête du pauvre prêtre arménien et sur celle des Grecs, qui poussaient des cris de désespoir et se recommandaient à Dieu qui aurait dû lancer ses foudres sur les marins français, surtout sur M. de Marcellus et sur M. Robert, et sur le consul qui était là, armé d'un sabre et d'un gros bâton qu'il agitait aussi très fortement. Une oreille fut coupée, le sang coula, et pendant cette bataille des marins s'emparèrent de la caisse, bousculée à droite et à gauche dans la mêlée, l'embarquèrent dans la chaloupe, et la conduisirent à bord de *l'Estafette*, qui fit voile sur-le-champ pour Constantinople, où M. de Marcellus ainsi que M. le capitaine Robert présentèrent la charmante Vénus à M. le marquis ambassadeur de Rivière, lequel, malgré sa grande dévotion, complimenta vivement ces deux messieurs et les fit récompenser par le roi de France. Voilà ce que j'avais à dire sur l'enlèvement de la Vénus de Milo laquelle, étant en marbre, ne pouvait pas se douter que

IMPRIMERIE NATIONALE

le sang humain coulerait en l'honneur de ses charmes. — Ma tâche est remplie : je viens d'écrire cette notice, et la vérité pure et simple a fait mouvoir ma plume [1]. »

Outre que, pour voir se réduire à néant les assertions de M. Brest, avec les bizarres et puériles amplifications qu'y ajoute la pièce, peut-être apocryphe, qu'on vient de lire, il suffit de se reporter aux documents authentiques qui concernent l'état dans lequel la Vénus de Milo fut trouvée, de nouveaux témoignages sont venus, depuis les publications de M. Jean Aicard et de M. Doussault en 1874, confirmer pleinement, sur la manière dont nos marins en devinrent maîtres, la relation de M. de Marcellus.

M. Voutier écrit dans sa brochure intitulée *Découverte et acquisition de la Vénus de Milo* : « Nous entrions joyeusement dans la rade quand nous aperçûmes une chaloupe lourdement chargée qui se dirigeait vers un brick ragusais. Nous disions en riant : « Voilà notre statue qu'on enlève. » Ce n'était que trop vrai. » Et, après avoir raconté le succès des démarches de M. de Marcellus : « Bref, la diva passa en triomphe à notre bord, et j'eus la joie d'en être chargé. Je la fis soigneusement entourer de ce que les marins appellent *paillets*, et disposer dans un coin choisi de la cale à l'abri de tout accident. »

Enfin, me trouvant à Toulon, dans l'année 1884, j'appris par M. Senez, officier administratif principal de l'arsenal, qu'il se trouvait encore dans cette ville un survivant de l'équipage de *l'Estafette*. C'était M. Batiste, capitaine de frégate en retraite. M. Senez me conduisit chez lui; nous lui demandâmes ce qu'il savait touchant les récits relatifs à la manière dont les marins français étaient devenus maîtres de la Vénus de Milo, qui avaient été publiés dix ans auparavant. Il nous répondit

[1] J. Aicard, *La Vénus de Milo*, p. 143-175.

que ces récits étaient de pure invention, et nous raconta avec détails comment la Vénus de Milo avait été remise à nos marins sans aucune résistance. Peu après, il rédigeait son témoignage dans la lettre suivante adressée à M. Senez, que l'un et l'autre m'ont autorisé à publier, et dont l'original a été déposé dans la bibliothèque publique de Toulon.

« Mon cher monsieur Senez,

« Le récit que je vous ai fait de l'enlèvement de la Vénus de Milo en 1820 vous a, m'assurez-vous, vivement impressionné, et vous me demandez de vous le confirmer par écrit.

« Je suis le seul survivant de cette campagne sans combat, et vous pensez qu'une relation authentique des incidents qui accompagnèrent notre mission offrirait un véritable intérêt pour l'histoire de l'art.

« Il y a bien des années, — les trois quarts d'un siècle, — que cet événement s'accomplit, mais j'en ai encore toutes les péripéties présentes à l'esprit comme si elles dataient d'hier.

« Notre goélette *l'Estafette* était en station sur les côtes de Syrie, lorsque nous reçûmes de l'ambassadeur de France à Constantinople l'ordre de prendre à notre bord M. de Marcellus, et de le conduire à Milo pour en rapporter une statue que le consul de France en ce pays avait acquise pour le compte du gouvernement.

« Je ne crois pas devoir m'arrêter aux détails bien connus et jamais contestés de la découverte par un pâtre du pays et de l'acquisition par M. Braist. Mais ce que vous m'avez dit de luttes homériques, de coups de sabre, d'oreilles humaines endommagées, d'enlèvement violent de la statue et des mutilations qu'elle aurait subies pendant ce fantastique combat, tout cela est du domaine de la fantaisie.

« Le chef-d'œuvre antique, si vivant dans mes souvenirs, si justement admiré aujourd'hui, après l'avoir été peut-être davantage autrefois, a-t-il donc besoin d'une légende toute moderne et de pure invention pour le rehausser auprès de votre génération?

« A notre arrivée à Milo, nous apprîmes que le pâtre grec, oublieux de ses engagements envers M. Braist, avait vendu la Vénus à un Arménien qui venait de la faire transporter à bord d'un navire de commerce battant pavillon autrichien. Notre commandant M. Robert et M. de Marcellus, après s'être concertés, résolurent d'envoyer à bord de l'Autrichien la chaloupe de *l'Estafette*, armée en guerre, avec ordre de rapporter la statue. Je faisais partie de cette expédition, que commandait M. Vouthier, élève de première classe; et je vous laisse à penser si, jeunes, ardents et patriotes comme nous l'étions, nous avions la ferme résolution de réussir. La conquête de la Toison d'or ne dut pas inspirer à Jason des émotions plus vives.

« Quel ne fut pas notre secret désappointement? A la suite de pourparlers presque courtois de part et d'autre, le commandant autrichien nous livra la statue, que nous acceptâmes de confiance, et quelque peu confus d'un si facile triomphe.

« Les fragments de la Vénus, au nombre de cinq, enveloppés dans des couffes en sparterie, furent retirés de la cale à l'aide de palans et descendus dans notre chaloupe par les matelots autrichiens eux-mêmes. Nous étions assurément moins satisfaits de notre petite campagne que ne le fut M. de Marcellus, qui reçut avec des transports de joie le butin dont il appréciait mieux que nous la grande valeur. »

S'il est à peu près démontré que c'est à M. Brest qu'il faut rapporter l'origine des bruits dont la fausseté est maintenant manifeste, il reste à trouver, s'il se peut, ce qui le poussa à de semblables imaginations. Vraisemblablement ce fut le secret désir de jouer dans l'histoire d'un monument qui, rendu au jour, devint aussitôt célèbre, histoire à laquelle il avait été tout d'abord mêlé, un rôle qui lui assurât à lui-même la célébrité. C'est ce qui devait arriver s'il s'établissait qu'il avait vu la Vénus de Milo encore entière. Il devenait ainsi le témoin auquel il faudrait toujours se référer pour déterminer ce qu'avait été l'attitude de la déesse, et, par suite, l'idée qu'elle était destinée à exprimer. Ce qu'il souhaitait ainsi, peut-être était-il arrivé, sans s'en rendre compte, à le croire vrai. « Il est des hommes, a dit un historien philosophe, et ces hommes sont nombreux, qui en même temps imaginent et croient : *Fingunt simul creduntque.*

Quoi qu'il en soit, les divers récits qu'on a pu faire sur un etat de la Vénus de Milo, au moment de la découverte de 1820, dont il résulterait, sans contestations possibles, que cette statue avait été celle d'une Vénus triomphant de ses rivales, ces récits, nous le savons maintenant de science certaine, sont de pure invention, et il n'y a rien à en tirer.

Tenons donc pour établi, désormais, que la Vénus de Milo fut remise à M. de Marcellus telle absolument que le paysan Yorgos l'avait trouvée, en deux pièces, avec quelques fragments qui paraissaient en dépendre et quelques autres morceaux de sculpture.

II

Dans un article de la *Revue contemporaine* de 1854, intitulé : *Un dernier mot sur la Vénus de Milo*, M. de Marcellus énumère comme il suit les marbres que le commandant du *Galaxidi* lui livra :

1° Le buste de la statue;

2° La partie inférieure drapée;

3° Le chignon;

4° Un avant-bras informe et mutilé;

5° Une moitié de main tenant une pomme.

Avec la main qui est inscrite ici sous le numéro 5, et qui est une main gauche, on voit au Louvre un bras gauche évidemment du même marbre et du même travail, et portant, dans un creux pratiqué à sa partie supérieure, la trace d'un tenon qui l'attachait à l'épaule[1]. De ce que M. de Marcellus n'en fait pas mention, il faut conclure que ce morceau ne fut trouvé qu'après son départ. Ce fut M. de Rivière qui dut le recueillir.

Aux morceaux qu'il énumère ainsi, M. de Marcellus joint trois hermès et un pied gauche, que lui remirent les primats de l'île, « satisfaits, dit-il, de ses procédés et d'une somme supplétive qu'il leur avait donnée au nom du Roi pour faire porter dignement sa santé ».

Des trois hermès, les deux plus petits étaient ceux qui avaient été découverts auprès de la Vénus, et qu'avait dessinés au même moment M. Voutier. Le troisième et le pied avaient dû être trouvés plus tard, soit au même endroit, soit dans le champ d'Yorgos.

L'un des deux premiers hermès paraît, comme je l'ai déjà dit, représenter Hermès barbu, conformément à l'ancien style, et l'autre le même dieu, tel qu'on le représenta à partir du ve siècle avant J.-C., c'est-à-dire comme un jeune homme à cheveux courts et un peu frisés; peut-être Thésée.

Le troisième hermès, surmonté d'une tête d'homme jeune, doit être celui qu'on voit au Louvre, placé, ainsi que les

[1] Planche III, fig. 1.

deux autres, non loin de la Vénus, et qui représente un Hercule ou un Thésée, puisque sa tête est ceinte de la couronne entourée en spirale d'une bandelette qui est un attribut ordinaire du premier de ces deux héros et qu'on dut donner souvent au second, comme les autres attributs herculéens.

Tous ces morceaux embarqués sur *l'Estafette*, elle prit aussitôt la mer.

Le navire sortait du port de Milo lorsqu'il rencontra la *Bonite*, montée par le commandant de la station du Levant, M. des Rotours, qui arrivait, au nom du consul général de Smyrne, pour prendre la statue, et un peu plus loin, un navire anglais et un navire hollandais, dont les commandants, sur le bruit de la découverte, avaient conçu le même projet.

L'Estafette faisait voile pour Smyrne; chemin faisant, à Rhodes, à Chypre, à Saïda, à Alexandrie, on fit voir la Vénus à des connaisseurs qui se trouvaient dans ces ports.

Au Pirée, on la montra à M. Fauvel, consul de France, très expert, comme on sait, en fait d'art antique, après qu'elle eut été dressée sur le pont du navire, à la clarté de la lune et de flambeaux allumés. Il déclara que, depuis de longues années qu'il vivait en Grèce, au courant de toutes les découvertes qui s'y faisaient, il n'y avait jamais vu un morceau d'une semblable beauté.

À Smyrne, la statue fut transférée sur la gabarre *la Lionne*, qui devait aller prendre M. de Rivière à Constantinople, pour le ramener en France.

L'ambassadeur voulut s'arrêter à Milo, afin de visiter le lieu de la découverte, et de recueillir ce qu'on aurait réussi à y trouver encore de débris qui pussent servir à la compléter. On dut lui remettre alors, comme je l'ai dit tout à l'heure, un fragment du bras gauche.

Arrivé à Paris, le marquis de Rivière offrait la Vénus, le 1er mars 1821, au roi Louis XVIII, qui l'accepta pour la placer au Musée. Elle y fut portée, avec les différents fragments et les hermès qui l'accompagnaient, dans l'atelier de restauration.

Au Musée, interprétant comme ceux qui avaient vu la Vénus à Milo la pomme découverte au même endroit, et, sans doute, subissant aussi l'influence des bruits qu'on avait déjà commencé à répandre sur l'état dans lequel la statue avait été trouvée, on pensa que la Vénus avait toujours été seule, élevant la pomme en l'air en signe de triomphe.

Cependant un antiquaire d'une grande autorité, Quatremère de Quincy, émettait une opinion différente.

Premièrement, la statue était, remarquait-il, d'une exécution plus négligée du côté gauche que de l'autre. Et, en effet, non seulement au-dessous des plis qui enveloppent la hanche gauche la draperie est d'un travail mesquin, que peut-être il faut attribuer à quelque ouvrier peu habile, qui aura voulu remédier à des avaries que le marbre avait souffertes en cet endroit, mais la joue gauche et le côté gauche de la bouche offrent d'évidentes irrégularités[1], et il est impossible de les expliquer, comme le fait M. de Clarac, par des altérations que le marbre aurait subies; évidemment ces défectuosités sont de même date que toute la figure, et l'on ne peut y voir que des négligences.

En second lieu, le mouvement de la Vénus indiquait qu'elle était occupée d'un objet placé à sa gauche.

Enfin, la plinthe de la Vénus indiquait, par sa configuration du côté gauche, qu'il y avait été joint de ce côté une autre

[1] Voir pl. IV, la tête de la Vénus vue (fig. 1) par le côté droit et (fig. 2) par le côté gauche.

plinthe; et que celle-ci portât un second personnage, c'était ce que, dès lors, il était le plus naturel de supposer.

Et, effectivement, il existait plusieurs groupes antiques où une Vénus semblable à celle de Milo était en colloque avec un Mars debout à sa gauche.

De ces observations, Quatremère de Quincy concluait que la Vénus de Milo avait fait partie d'un groupe où un Mars lui était associé. La main tenant une pomme[1] semblait peu compatible avec cette hypothèse : il la rejetait comme n'ayant pas appartenu, au moins originairement, à la statue. C'était, à son avis, l'ouvrage de quelque restaurateur, et, en effet, le travail en était, suivant lui, inférieur à celui du reste.

De ce que la Vénus de Milo avait dû être groupée avec un autre personnage et que de celui-ci il ne subsistait rien, il fallait conclure, disait Quatremère de Quincy, que toute restauration était impossible.

Aux yeux des adversaires de Quatremère, les imperfections qu'il signalait dans le côté gauche de la statue et dans la main gauche étaient de peu d'importance, et l'on pouvait prouver que la main et le bras qu'il rejetait étaient, dès l'origine, rattachés à l'épaule[2].

On verra qu'il y avait erreur et à tenir trop peu de compte des imperfections de la tête et du corps, et à en tenir trop de celles de la main, et que ces imperfections, mieux appréciées, devaient recevoir une seule et même explication.

Les adversaires s'accordaient, d'ailleurs, pour le symbole tenu par la main, dans une explication erronée, qui les empêchait également d'arriver à cette interprétation du monument que Quatremère, de son propre aveu, n'avait fait que préparer.

[1] Pl. III, fig. 2. — [2] Voir Clarac, p. 22, 36.

Tout dépendait, enfin, d'une prise en considération de l'attitude dans son ensemble et du caractère général de la physionomie, dont les détournait également une préoccupation trop exclusive des détails.

Le dissentiment persistant, parce que dans chacun des deux systèmes il se rencontrait, avec trop peu de souci du tout, une part de vérité et une part d'erreur pour les détails, on en référa au roi. Celui-ci, se rangeant à l'avis de Quatremère de Quincy, décida que la statue ne serait pas restaurée; et il voulut que néanmoins elle fût exposée telle qu'elle était, à cela près de quelques légères réparations, dans le Musée.

On dut se conformer à la décision royale. Mais, pour placer la statue dans le Musée, il fallait, après en avoir rajusté les morceaux, et y avoir fait, Quatremère lui-même le croyait nécessaire, quelques réparations, la dresser sur un piédestal; on y procéda d'une manière qui favorisait le système que Quatremère de Quincy avait combattu.

Il se trouve au flanc droit une cavité dans laquelle avait évidemment été implanté un tenon destiné à soutenir l'avant-bras dans une direction à peu près horizontale. Cette particularité, favorable au système de Quatremère de Quincy, mais qu'il ne remarqua pas, on la supprima en bouchant avec du plâtre la cavité [1]. On effaçait ainsi un important indice de la composition, indice qui se retrouve dans la reproduction du même type qu'on a découverte à Falerone.

Ainsi qu'il était naturel de procéder pour une figure que l'on croyait avoir été isolée, on installa la Vénus sur son piédestal, après certaines modifications et de la figure et de sa plinthe, de manière qu'elle se présentât de face à la vue.

Après avoir essayé d'abord de rattacher à l'épaule gauche

[1] Pl. I.

fracturée un moulage du bras gauche, arrangement que montre la gravure insérée dans le premier volume du Musée royal, mais auquel on renonça bientôt, on voulut rattacher à la plinthe, très étroite du côté gauche, et insuffisante pour assurer la stabilité de la statue, une autre plinthe de petites dimensions apportée en même temps au Louvre, qui portait le nom d'un artiste grec.

On ajusta tant bien que mal cette petite plinthe à celle de la Vénus, et c'est l'arrangement que montre la gravure mise par M. de Clarac en tête de sa notice. Plus tard, on reconnut qu'il y avait à cet arrangement, comme on le verra plus bas, des objections insurmontables, et l'on retira la plinthe additionnelle. On prit alors le parti, pour suppléer à l'appui qu'elle fournissait à la plinthe originale, d'encastrer celle-ci dans une large fausse plinthe, taillée de manière que la face antérieure en fût parallèle aux épaules de la figure. Une dépression qu'offrait par derrière la plinthe antique, dépression qui, comme on le verra, paraît avoir eu, dans la composition originale, une signification importante, fut comblée avec du plâtre. La surface que formait avec le dessus de la plus grande partie de la plinthe originale celui de la fausse plinthe figurait ainsi un sol parfaitement uni. Rien, dès lors, de plus naturel pour ceux qui considéraient le monument en cet état, avec cette régularité et cette planimétrie exacte de la base, que d'y voir un objet complet, et non un fragment d'un ensemble disloqué.

Enfin, par une étrange manœuvre, l'attitude même de la statue fut modifiée, au préjudice de la forme, d'une manière qui lui imprimait à un haut degré un caractère en harmonie avec le sens qu'on attribuait à la composition.

Ainsi que je l'ai relaté antérieurement[1], au lieu de poser

[1] *La Vénus de Milo*, 1871.

d'aplomb la moitié supérieure de la statue sur la moitié inférieure, comme évidemment l'a voulu son auteur, on interposa entre les deux blocs, du côté gauche, des cales en bois qui rejetaient vers l'autre côté le bloc supérieur. La tête surtout était ainsi relevée et reportée à droite de plusieurs centimètres. Il en résultait que la déesse semblait s'éloigner de quelque objet placé à gauche, avec un air d'aversion. L'écartement des deux blocs fut dissimulé par du plâtre. M. de Clarac qui, à ce qu'il paraît, ne fut pas informé de l'opération ainsi accomplie, voyant quelle était l'attitude de la figure, en tira un argument considérable contre la théorie de Quatremère de Quincy. « La Vénus de Milo se penche, dit-il, vers la droite, et s'éloignerait du dieu avec lequel elle serait groupée. » De cette disposition un antiquaire, M. Veit Valentin, admettant d'ailleurs que la statue de Milo faisait partie d'un groupe, a tiré la conséquence qu'elle représentait une femme se débattant contre un ravisseur qui cherchait à l'entraîner.

Sur le piédestal de la Vénus de Milo ainsi accommodée on plaça l'inscription empruntée à une médaille romaine : *Venus victrix*. On voulait désigner ainsi la statue comme représentant la déesse au moment où elle avait triomphé par sa beauté de ses rivales Junon et Pallas.

III.

La Vénus de Milo, telle que l'avait faite l'arrangement dont elle avait été l'objet, offrait l'apparence, non seulement d'une fierté dédaigneuse, mais aussi d'une vigueur quasi masculine; de cette fierté par son attitude, de cette vigueur par certains caractères de ses formes. Et souvent on l'en a louée, faute de distinguer, comme il arrive souvent en présence d'un bel objet, ce qui constituait sa beauté de ce qui y était étranger. Un philosophe célèbre, s'appuyant de ce grand exemple, crut pouvoir dire de la beauté en général, sans tenir compte de la différence des sexes, que la force en était le fond, et cette théorie a trouvé nombre de partisans. Tout autre était pourtant la pensée des anciens.

Cicéron dit, et il est ici, comme en tant d'autres endroits, l'interprète des auteurs grecs : « Il y a deux genres différents de beauté, la masculine consistant proprement dans la dignité, et la féminine que constitue la vénusté » ; vénusté, c'est-à-dire grâce et délicatesse ; et c'étaient, comme le mot le dit, les attributs par excellence de Vénus, idéal de la beauté féminine. Aussi trouve-t-on très peu de Vénus antiques qui ne se distinguent par ces caractères.

Que la Vénus de Milo ait paru offrir des caractères très différents, c'est ce qui a été l'effet d'une installation défectueuse, procédant d'une interprétation erronée ; et c'est la meilleure preuve, avec les imperfections de la statue, telles que les a signalées Quatremère de Quincy, que cette interprétation n'est pas la véritable.

Quelques critiques, frappés de ce qu'il se trouvait dans la Vénus de Milo d'incompatible avec le caractère essentiel de la beauté de Vénus chez les Grecs, ont proposé d'y voir une autre divinité, par exemple une Victoire. Mais, sans parler de ce que les Grecs n'ont jamais donné à la Victoire elle-même un air de force virile, le grand nombre de reproductions ou de variantes de la statue de Milo qui sont associées à un Mars est une preuve certaine que c'est bien une Vénus qu'elle représente.

La tête, de plus, comme on le remarqua tout d'abord, ressemble beaucoup à celle de la Vénus de Cnide, œuvre de

Praxitèle, telle que nous la font connaître les nombreuses répétitions qui en subsistent, et l'on remarque dans la physionomie, quel que soit le préjugé auquel a donné lieu l'attitude qu'on a imprimée à l'ensemble, plus de douceur encore que dans la Vénus de Cnide. Et il en est de même des reproductions de cette tête qu'on a découvertes à Tralles et à Pergame.

Si donc on a trouvé à la Vénus de Milo l'apparence d'une fierté qui ne s'accorderait point avec l'idée que les Grecs s'étaient faite de la déesse de l'amour, c'est uniquement par l'effet de l'attitude vicieuse qui lui fut donnée.

Après avoir découvert l'altération qu'avait subie, dans l'atelier du Louvre, l'attitude de la Vénus de Milo, je me bornai à faire part au public de cette découverte, et je laissai longtemps la statue telle qu'on était accoutumé à la voir. Il fallait, me semblait-il, donner aux critiques le temps de vérifier les faits et de se défaire de préventions déjà invétérées. Après plusieurs années, des réparations nécessaires au Musée des Antiques ayant obligé de mettre provisoirement en magasin la Vénus, j'en pris occasion de retirer enfin les malencontreuses cales interposées entre ses deux moitiés, et de la rendre ainsi à sa véritable attitude. On vit disparaître alors, par cela seul, l'air de hauteur qu'on lui avait généralement attribué, et l'on put reconnaître à son mouvement la déesse qu'elle représente. *Vera incessu patuit dea.*

Quant à son apparence, tant de fois célébrée, de vigueur quasi virile, il suffira, pour la faire aussi disparaître, que le marbre soit orienté comme il a été fait pour l'être, et qu'il s'offre ainsi aux spectateurs sous l'aspect que lui voulut son auteur[1].

Dans l'ancien art, visant à l'expression de la nature héroïque, on affecta volontiers les formes qui pouvaient le mieux donner

[1] Pl. I.

l'idée de la puissance, et on l'affecta dans les figures féminines comme dans les viriles. Dans les unes comme dans les autres, on faisait la poitrine très ample et la taille large.

Cela n'empêchait pas qu'à la force ne fût jointe dès les premiers temps, dans les figures féminines, une constante recherche de l'élégance et de la grâce. Quelque chose subsiste dans la Vénus de Milo, imitation, comme on le verra, d'un type créé à une haute époque, de la force des figures primitives. En même temps, il se trouve que, par une suite aussi des maximes de l'ancien style, les formes, si on les considère de profil, y ont, avec une sveltesse qu'elles ne présentent pas de face, l'élégance, qu'on obtint de plus en plus, mais qu'on avait recherchée tout d'abord.

La statuaire chez les Grecs paraît avoir eu son origine dans ce qu'on appela l'*art de tracer*, γραφική; art qui peut-être, comme donnent lieu de le croire les plus anciens des vases peints, se proposa d'abord de figurer des ombres, et cela, vraisemblablement, l'art ayant eu d'abord pour unique objet les choses divines et héroïques, parce que c'était comme des ombres qu'on imaginait les dieux et les âmes. Art de tracer et art de représenter l'ombre furent primitivement synonymes[1], et ce furent des synonymes qu'ombre, âme et image[2]. C'est pourquoi, à ce qu'il semble, en se détachant de la peinture, la statuaire paraît avoir produit d'abord des figures auxquelles elle ne donna que par degrés de l'épaisseur. On a trouvé dans les îles grecques, notamment à Amorgos, de frappants exemples de ce début et de ce progrès. Les corps ainsi façonnés, larges de face, au moins dans leur partie supérieure, siège de la vie

[1] Σκιαγραφία, *adumbratio*.

[2] « Et nunc magna mei sub terras ibit imago. » Virgile, *Æn.*, IV, 654.

noble, étaient très minces de profil. La trace de cette manière de faire subsiste dans la plupart des répétitions qui se sont conservées du type que reproduit la Vénus de Milo; elle se remarque surtout dans celle de ces répétitions qu'on voit au musée de Madrid[1], qui paraît être la plus ancienne de toutes, et qui, soit par le costume, soit par le style, trahit ou le siècle de Périclès ou le commencement du siècle suivant.

Si donc, dans un siècle où l'on commençait à vouloir qu'une Vénus offrît dans ses formes, et non pas seulement dans sa physionomie, les caractères distinctifs de la parfaite beauté d'une femme, l'auteur du type que reproduit la Vénus de Milo cherchait à lui donner l'élégance propre à une telle déesse plus qu'à aucune autre, il le pouvait faire, tout en lui conservant l'ampleur de l'ancien style; il suffisait pour cela que, dans son œuvre, elle fût surtout vue de profil. Et c'est ainsi que ce type peut être considéré comme représentant le moment de transition qui préparait celui où Praxitèle allait créer dans sa Vénus de Cnide, expressément destinée à être vue sous tous les aspects, l'idéal accompli de la beauté féminine, dégagé de tout reste de la nature virile.

En outre, dans la Vénus de Milo, le torse, un peu incliné en avant, se tourne plus vers la gauche que la partie inférieure du corps, et la tête plus encore que le torse. À l'élégance qui résulte de la sveltesse, il se joint ainsi la grâce qui résulte du mouvement de torsion[2]. À ce mouvement qui se développe en se transformant et se perdant, se reconnaît la déesse. Dans le passage célèbre où Virgile décrit la mère d'Énée, qui lui

[1] Pl. VI, fig. 3 et 4.

[2] Quintil. II, 13. « Nam recti quidem corporis vel minima gratia est. »

apparut d'abord en Diane, se faisant ensuite connaître à lui pour ce qu'elle est réellement, le poète dit : *avertens, vera incessu patuit dea.* C'est que dans le mouvement par lequel elle se détourne et se dérobe se déploie la grâce, plus belle encore, a dit un autre poète, que la beauté, et qui est l'attribut propre de Vénus.

De ces considérations il résulte que la Vénus de Milo n'offre les qualités particulières à la déesse qu'elle représente que si on la considère telle qu'elle devait être dans un groupe dont elle occupait la droite, c'est-à-dire de telle sorte qu'on la voie surtout par son côté droit, et se tournant vers sa gauche.

Enfin, ce qui enseigne plus que tout le reste quel est l'aspect pour lequel la Vénus de Milo a été faite, c'est l'expression de la physionomie. Cette expression, qu'on a souvent signalée comme étant celle d'un dédaigneux orgueil, c'est au contraire, alors surtout qu'on éclaire la tête du jour convenable, tombant du ciel, qui lui manque dans le Musée, celle de la douceur et de la bienveillance unie à la dignité.

On serait donc arrivé plus tôt à l'interprétation véritable de la Vénus de Milo, si l'on s'était attaché, pour la comprendre, au principal, qui est le caractère de la physionomie, auquel doit concourir tout le reste, et si l'on avait suivi ainsi ce sage précepte : considère la fin, *respice finem.*

Une dernière conséquence à tirer de tout ce qui précède, c'est que, si la restitution de la Vénus de Milo est ce qu'elle doit être, cette statue, si justement admirée pour sa rare beauté, doit faire voir non seulement une beauté plus grande encore que celle qu'on lui connaissait, par cela seul qu'elle la montrera par les côtés que l'artiste a tâché d'y porter à la perfection, mais encore cette sorte de beauté, excellente entre toutes, que l'art antique attribuait à Vénus.

De la statue elle-même passons à la plinthe qui la porte, puis aux fragments qui ont été découverts au même endroit.

On a vu qu'au Musée on avait d'abord rattaché à la plinthe de la Vénus une autre petite plinthe apportée en même temps de Milo, et qu'ensuite on avait renoncé à cet arrangement.

En effet, la plinthe de la Vénus [1], très étroite du côté gauche, et que le pied gauche devait déborder, offre, de ce côté et par dessous, un biseau évidemment destiné à en recevoir un autre de même inclinaison en sens inverse; car, tandis que ses bords sont dressés au ciseau, il est, dans tout son milieu, creusé à la gradine, et c'est ainsi qu'on prépare tout marbre auquel il doit en être appliqué un autre, parce que c'est le moyen de faire que l'application soit parfaitement exacte.

La petite plinthe apportée au Musée avec la statue offre ce second biseau, et par conséquent avait dû être rattachée autrefois à la plinthe de la Vénus. Dans l'atelier de restauration on l'y rattacha de nouveau, croyant rétablir ainsi la composition originale. La petite plinthe additionnelle portait une inscription donnant la signature d'un artiste né à Antioche près du Méandre. Les premières lettres du nom de l'artiste manquaient; on ne pouvait donc déterminer avec certitude quel était ce nom, qu'on supposait être celui de l'auteur de la statue, mais on croyait qu'avec l'indication du lieu de sa naissance l'inscription fournissait, sinon la date de l'œuvre, au moins la date au-dessus de laquelle on ne pouvait la reporter. Antioche, en effet, n'avait été fondée qu'environ 300 ans avant notre ère [2]. Ainsi tombait une conjecture de Quatremère de Quincy, qui avait proposé d'attribuer la Vénus de Milo à Praxitèle ou à quelqu'un de ses élèves.

[1] Voir pl. III, fig. 3.

[2] Voir Clarac, *Vénus de Milo*, p. 54.

Plus tard, cependant, reconnaissant que la plinthe additionnelle n'avait pas dû appartenir à la composition originale, on renonça à cet arrangement, et, par conséquent, aux conséquences qu'on en avait tirées.

Et, en effet, en premier lieu, la petite plinthe n'est ni du même marbre que la plinthe de la Vénus, ni de la même hauteur, et il ne paraissait pas admissible que l'auteur de la statue eût voulu joindre ensemble dans son œuvre des morceaux qui ne s'accordaient ni pour la matière, ni pour la forme. En second lieu, en essayant de restaurer le pied gauche de la Vénus, ce qu'on n'avait pas fait encore, comme on le voit sur la gravure publiée par M. de Clarac, on s'aperçut, lorsqu'on annexa la petite plinthe additionnelle à la grande, que ce pied débordait en avant celle-là. Ce fut alors, dit M. de Marcellus, dans son *Dernier mot,* qu'on se décida à la retirer.

C'était évidemment pour l'ajuster à la plinthe de la Vénus qu'on avait autrefois retaillé la plinthe additionnelle, en sacrifiant les premières lettres de l'inscription; mais c'est ce qu'on n'avait pu faire qu'en un temps de barbarie.

On voit d'ailleurs sur la gravure publiée par M. de Clarac, gravure exécutée d'après un dessin exact de M. Debay, fils d'un des sculpteurs de l'atelier de restauration, que la ligne de jonction des deux plinthes est irrégulière; et comme le biseau de la plinthe principale est d'une parfaite régularité, il faut nécessairement en conclure que c'est celui de la petite plinthe additionnelle qui était irrégulier, portant ainsi la marque d'un travail exécuté grossièrement, à une époque, sans doute, de profonde décadence.

Enfin, les dessins de M. Voutier, reparus à la lumière, sont venus nous apprendre que la petite plinthe additionnelle était celle de l'un des deux hermès trouvés avec la Vénus[1]. Il y était implanté lorsque M. Voutier le dessina, et l'on voit dans l'estampe publiée par M. de Clarac le trou carré où s'en engageait la partie inférieure.

Évidemment, dans quelque entreprise de restauration, à une époque où avait été séparée de la statue la plinthe annexe portant un second objet, on avait voulu remplacer cette plinthe par une autre qu'on avait sous la main, portant un hermès qui aurait ainsi succédé à l'objet qu'avait porté autrefois la plinthe annexe disparue.

Les deux hermès trouvés avec la Vénus étaient creusés sur leurs côtés de cavités rectangulaires, telles qu'on en trouve très souvent sur les cippes de ce genre, et qui devaient servir, comme le font voir certaines peintures trouvées à Pompéi, à recevoir des traverses par lesquelles ils étaient reliés à des cippes semblables; on formait par là des barrières auxquelles des hermès quadrangulaires servaient de montants. Peut-être les deux hermès trouvés avec la Vénus avaient-ils eu jadis leurs places dans une barrière dont elle était entourée. Ce qui est certain, d'après ce qui précède, c'est qu'on prit un jour l'un des deux pour la restaurer, et plus tard on les prit tous les deux pour les transporter avec la statue dans la cachette où l'on voulait l'enfouir, avec l'espérance, sans doute, qu'un jour viendrait où l'on pourrait les utiliser dans quelque nouvelle restauration.

Qu'on ait effectivement essayé une restauration de la Vénus de Milo à une époque où le goût était corrompu, c'est ce que prouvent des traces subsistantes d'ornements en métal, probablement en or, dont on l'avait chargée. Un bracelet avait été fixé au bras droit. La preuve en résulte de trous qui y sont pra-

[1] Voir pl. II.

tiqués, et où devaient s'enfoncer des chevilles qui maintenaient le bracelet. Or, si l'on voit beaucoup de statues de Vénus où un bracelet est fixé à un bras, cet ornement, aux bonnes époques, n'est jamais placé qu'au bras gauche. Le bandeau qui ceint les cheveux offre également des trous indiquant qu'on y avait attaché avec des chevilles un diadème : ce n'est qu'en un temps de barbarie qu'on put s'aviser de placer après coup sur un bandeau un diadème de métal.

À la même époque où je fis retirer les cales en bois qui avaient été placées entre les deux moitiés de la statue, je fis retirer également la fausse plinthe dans laquelle avait été plongée la plinthe originale, et on lui en substitua une autre de forme ronde, permettant ainsi aux critiques de chercher sans empêchement la meilleure orientation de la statue. Je fis, en outre, creusèr par derrière et du côté droit cette nouvelle fausse plinthe, de manière qu'elle laissât voir, dans tous les détails que je viens de faire connaître, la plinthe originale[1]. Cet arrangement n'est que provisoire. Quand les faits dont il a été destiné à faciliter l'étude seront, d'un consentement général, bien établis, il sera temps de le remplacer par un autre d'un aspect plus heureux.

Quoi qu'il en soit, la plinthe de la Vénus n'offre pas seulement sous son côté gauche, taillé en biseau, comme je l'ai dit tout à l'heure, le travail de creusement du milieu qui indique qu'il devait y être appliqué une autre pièce de marbre, laquelle ne pouvait être qu'une seconde plinthe, support de quelque autre objet : le creux ainsi pratiqué du côté gauche se prolonge en avant, jusqu'au bout de ce côté. C'est une preuve que la plinthe annexe qui s'y ajustait le dépassait sur le devant, et

[1] Voir pl. III, fig. 3.

il le fallait par cela seul qu'elle devait fournir un support au pied gauche. Si profonde, il est bien à croire que la plinthe annexe était large à proportion, et que, par conséquent, l'objet qu'elle portait était de grandes dimensions, tel qu'est le second personnage avec lequel est groupée, sur tant de monuments antiques, une Vénus semblable à celle de Milo.

Enfin, la seconde plinthe étant ainsi en saillie sur la première, il fallait qu'une fausse plinthe qui les enveloppât l'une et l'autre vînt remédier à cette différence. Et, en effet, la plinthe de la Vénus offre sur sa face antérieure le travail de creusement au milieu, avec épargne des bords, qui indique, sur un marbre, encore une fois, qu'il doit y être appliqué un autre marbre. Une ample fausse plinthe devait donc servir et à masquer la jonction des deux plinthes, et à racheter leurs différences de saillie, et enfin à donner à toute la base une forme rectangulaire, ayant la régularité désirable, et dont la surface verticale antérieure fût telle que, cette surface étant perpendiculaire au rayon visuel qui allait de l'œil du spectateur au groupe, l'ensemble, sous son aspect le plus favorable, fît face au spectateur.

Quant aux fragments apportés au Louvre avec la statue, il en est auxquels il n'y a pas lieu de s'arrêter, parce qu'il saute aux yeux qu'ils ne peuvent lui avoir appartenu. Ce sont un pied chaussé d'un cothurne qui, du reste, ne se retrouve pas dans le Musée, et un fragment d'un avant-bras droit que j'y ai retrouvé, et que j'ai fait placer près de la Vénus, mais qui est, comme je l'ai déjà dit, d'un marbre différent et de plus grandes proportions. Il est probable seulement, puisque ces fragments correspondent, par ce qu'ils représentent, à des parties manquantes de la statue, qu'on les avait recueillis pour en tirer parti dans une restauration.

Il n'en est pas de même de la main gauche mutilée qui tient une pomme et du fragment de bras gauche[1].

Ainsi qu'on l'a vu, Quatremère de Quincy avait cru remarquer dans la main dont il s'agit un travail inférieur à celui de la statue, et, en conséquence, il l'avait considérée comme l'ouvrage de quelque ancien restaurateur. Plusieurs autres critiques ont partagé cette opinion, et je m'y étais rangé dans ma notice de 1871. Depuis, un examen attentif m'a conduit à une opinion contraire. Non seulement, en effet, le fragment dont il s'agit est absolument et du même marbre et des mêmes proportions que la statue, mais le travail en est, en réalité, identique. Il est vrai seulement qu'il n'est pas exempt de négligences : mais c'est ce qu'il est aisé de s'expliquer, tout en l'attribuant à l'auteur de la Vénus, si l'on considère que dans cette statue les parties qui ne devaient pas être en vue sont pareillement négligées, et si, d'autre part, on admet que la main gauche devait être, au moins en grande partie, hors de la vue du spectateur. Or, en premier lieu, comme le remarquait déjà autrefois le sculpteur Lange, chef de l'atelier de restauration du Musée, le dessus de la main, du côté du pouce, présente des lésions qui se prolongent, pour ainsi dire, sur le dessus du bras, et qui, dès lors, ont dû être produites par une même cause, dans un temps où la main se rattachait de telle sorte au bras que leurs surfaces de dessus fussent dans un même plan. Et, d'autre part, le bras était fixé à l'épaule, je l'ai déjà dit, par un tenon métallique dont la forme est indiquée par deux cavités qui se font suite dans l'épaule et dans le haut du bras. Le bras, dont le travail est d'ailleurs incontestablement aussi irréprochable que celui des meilleures parties de la statue, lui appartenait donc, et, par suite, avec ce bras, la main tenant la pomme.

[1] Voir pl. III, fig. 1 et 2.

Comment était placée cette main, et quel rôle jouait-elle dans la composition? Doit-on, peut-on croire, comme l'ont fait tous ceux qui ont admis qu'elle appartenait à la statue, qu'elle s'élevait en l'air pour faire voir la pomme? A une telle conception il suffit tout d'abord d'opposer cette observation d'un ancien (Quintilien), à propos de l'action oratoire : «Gesticuler de la main gauche seule ne réussira jamais à personne.» Et, en effet, c'est à la main droite qu'appartient toujours l'action, au moins l'action principale. Comment attribuer à la déesse de la beauté et de la grâce un geste contraire au naturel et essentiellement disgracieux?

En second lieu, lorsqu'on saisit un objet pour le montrer, c'est toujours, ou uniquement ou principalement, avec les premiers doigts aidés du pouce. Or, c'est des deux derniers doigts que la main dont il s'agit tient la pomme. La déesse à qui cette main appartenait, ne montrait donc pas la pomme; elle la tenait, ainsi que l'a dit M. Kékulé, négligemment, comme on tient un simple attribut.

De l'étude et de la main et du bras on peut déduire, en outre, la vraie position de la main, position qui en laissait à peine voir la partie dont le travail est un peu négligé. Si la main eût été élevée en l'air sans que rien la supportât, non plus que l'avant-bras, le biceps, pour les soutenir, eût été tendu. Or il est détendu. La partie du bras gauche qui a disparu et la main gauche devaient donc reposer sur quelque support. De plus, près de la saignée, la chair du bras reflue en arrière, en formant un bourrelet qui ne peut s'expliquer que par la pression de l'avant-bras fléchi à angle à peu près droit sur le bras. Et enfin, telle est la direction qui résulte, pour l'avant-bras, de cette flexion, que le poignet devait se trouver à la hauteur de l'épaule gauche et à une distance de cette épaule de moins de trente-cinq centimètres. Cela étant, aucune hypothèse ne paraît répondre mieux à la question de savoir quel était le support du poignet et de la main que celle à laquelle conduisent déjà, comme on l'a vu, d'autres circonstances, à savoir que c'était l'épaule d'un second personnage, de même hauteur, debout à la gauche de la déesse, et tout près d'elle.

À cette place, la main devait reposer sur son bord externe, et, dès lors, n'était guère visible pour le spectateur que par le pouce et les doigts, qui, étant en saillie, ont été détruits, et dont rien ne prouve que l'exécution laissât à désirer. Enfin, dans une telle situation, le dessus de la main du côté du pouce, dessus qui a été froissé et endommagé, se trouvait, comme je l'ai dit plus haut, dans un même plan avec la partie de la surface du bras qui offre des lésions toutes semblables. Ainsi s'évanouit l'objection de Quatremère et se vérifie l'opinion de Lange, mais au profit d'une théorie plus rapprochée du système proposé par le premier que de celui que soutenait, avec d'autres, le second, théorie à laquelle Quatremère de Quincy, plus complètement informé, se serait sans doute rangé.

Faut-il admettre, en effet, comme le faisaient également, à ce qu'il paraît, avec Dumont d'Urville, les partisans de l'un comme de l'autre des systèmes opposés, que la pomme, dans la main de Vénus, ne pouvait servir qu'à rappeler le prix proposé « pour la plus belle » par la Discorde? Tout au contraire, c'est là une supposition inadmissible.

MM. Preuner et Frankel ont très justement fait observer que la légende du jugement de Pâris ne remonte pas plus haut que l'époque hellénistique, et que, par conséquent, on ne peut la faire servir à l'interprétation d'un monument tel que la Vénus de Milo, production, évidemment, d'une époque plus haute.

IMPRIMERIE NATIONALE.

À la pomme que tenait la Vénus de Milo il faut donc chercher une autre signification que celle du prix de beauté remporté sur le mont Ida.

Aux anciens temps, on mettait souvent à la main de plusieurs déesses, mais surtout de Vénus, un fruit. La Junon de Polyclète, à Argos, tenait à la main une grenade; la Vénus d'Agoracrite, élève favori de Phidias, une branche de pommier. La Vénus Genitrix, dont l'original était probablement, comme on le verra, un ouvrage de Phidias lui-même, et, en tout cas, une production de son temps, tient dans une main une pomme. Dans ces différentes statues, le fruit à la main de la déesse signifiait, quelle qu'elle fût, félicité et fécondité; mais c'en était le sens, surtout, dans les statues de Vénus, telle au moins que la comprenaient les hautes époques.

La Grèce, en ses premiers temps, adorait dans son Aphrodite une déité qu'elle surnommait Uranie ou « la Céleste ». À l'idée de cette déité, elle joignit tout d'abord celle de la beauté, dont le culte distingua de bonne heure les Grecs de tous les autres peuples qui les environnaient; mais probablement la déité elle-même lui vint originairement de l'Asie antérieure, où Astarté, la plus grande des déesses, était appelée la « reine du ciel ». Le ciel, dans le plus ancien langage, n'était pas la partie du monde qui s'étend au-dessus de la terre, mais plutôt le monde entier, dont la terre était, suivant la plus vieille doctrine, la partie primordiale, origine de tout le reste. Tout était né de la terre, pénétrée, à la vérité, d'un esprit de vie que personnifiait la Vénus Uranie. Aussi appelait-on cette déesse la « mère de toutes choses ». Elle était donc bien près de se confondre avec la déesse phrygienne de la terre, Cybèle, qu'on appelait communément la Bonne Mère ou la Grande Mère. Reine des régions infernales ou souterraines, où l'on mit originairement le séjour des dieux, ainsi que celui des âmes, qui en émanaient et qui y revenaient par la mort, elle n'était autre, au fond, que celle qu'on appela en Grèce Pherephatta et Perséphone, en Italie Proserpine, et qui, vraisemblablement, ne fut qu'un dédoublement de Cérès, déesse aussi de la terre[1].

Dans le monde infernal, le séjour propre de la souveraine était ce qu'on appelait l'Élysée, aux ombrages délicieux. C'était là, suivant la légende reproduite par Virgile, que Proserpine avait goûté d'une grenade dont la saveur lui avait fait oublier la terre d'où Pluton l'avait ravie et où sa mère Cérès la rappelait. Pluton lui-même, auquel on donna plus tard une physionomie si sombre, comme, plus tard encore, à son successeur Sérapis, était représenté, sur les monuments les plus anciens, avec une corne d'abondance à la main. Son nom signifiait richesse. De très bonne heure, on crut, contrairement à ce qu'on a dit chez les modernes de la « jalousie des dieux », que cette richesse dont la divinité disposait, elle se plaisait à la communiquer. On le crut surtout de Vénus. On l'appela par excellence la « donneuse » (δωρῖτις). Aussi se joignit-il tout d'abord à l'idée de cette déesse l'idée de la douceur. En Asie, et de même très anciennement en Grèce, on dut l'adorer souvent sous la forme d'une colombe, un oiseau qui passait pour n'avoir point de fiel, et qu'on voit dans la Genèse, après le déluge, apporter en signe de pacification un rameau d'olivier. Nombre d'anciennes images de Vénus, en Grèce, la représentent tenant dans sa main une colombe. Souvent, en outre, de l'autre main,

[1] À Delphes, une Aphrodite Ἐπιτυμβία. La déesse romaine de la mort, Libitina, est identifiée par certains auteurs avec Proserpine, par d'autres avec Vénus. Voir Welcker, *Griech. Götterlehre*, p. 716.

elle relève délicatement un des plis de sa tunique, comme pour commencer, d'une démarche légère, quelque danse. C'est une expression symbolique de cette beauté gracieuse que le peuple grec, encore une fois, attribua tout d'abord à sa Vénus. Dans le développement de l'antique mythologie, la bienveillance, qui faisait le fond du caractère attribué, dès l'origine, à la Vénus céleste, apparaît de plus en plus. Le fruit à la main de la déesse en devient, après la colombe, le significatif symbole : le fruit, en lequel se résume, pour ainsi dire, l'idée de la béatitude élyséenne, à laquelle elle se plaît à admettre les âmes. Puis enfin la pensée se fait jour, qui devait être le dernier mot des principaux Mystères, que la félicité élyséenne, c'est, en définitive, l'union intime, par association conjugale, avec la divinité. Les morts, au moins les plus illustres, devenaient, en Égypte, autant d'Osiris, époux de la grande déesse Isis. Dans les croyances grecques et romaines, ils devenaient époux de Proserpine, égalés ainsi, sinon même identifiés au souverain des Enfers.

L'union de Vénus avec Mars fut un des types classiques de ces unions sacrées, *ἱεροὶ γάμοι*. Mars, à l'origine, dut représenter un des aspects du souverain des régions infernales et divines. On donnait quelquefois à Pluton comme à Mars un casque pour coiffure. Peut-être on en faisait alors le seigneur et le gardien en armes de la divine forteresse qu'habitaient les dieux et les âmes. Chez les Latins le nom de Mars paraît se confondre avec celui de la Mort, et chez les Grecs le génie de la Mort est souvent représenté, aux anciennes époques, sous la figure d'un guerrier.

Aux temps primitifs, mêlant en une unité indistincte les puissances contraires dont on voyait partout l'antagonisme ou l'accord, on avait dû faire souvent de la Vénus céleste, mère de toutes choses, un être androgyne, tout au moins une déesse de nature à demi virile, qu'on figurait, comme l'Artémis de l'Asie Mineure, maîtrisant de ses mains des bêtes fauves. Mais si, chez les Grecs mêmes des plus anciens temps on lui mit souvent les armes à la main, on la féminisa, si l'on peut ainsi parler, de plus en plus, et du principe masculin qui, originairement, était à peine distingué en elle du féminin, on lui fit un époux. Le couple de Mars et Vénus figurait sur le coffre nuptial de Cypsélus. Il figure sur le vase archaïque dit de François. Sur la grande base triangulaire du musée du Louvre, de style grec encore archaïque, monument qui date non pas, comme on l'a dit, du temps des Antonins, mais plutôt du ve ou du ive siècle avant J.-C., mais qui en tout cas s'accorde, pour les sujets qui le décorent, avec la plus vieille mythologie, on voit les douze grands dieux assemblés en couples conjugaux, et l'un de ces couples est composé de Mars et de Vénus[1]. Le dieu et la déesse y sont en face l'un de l'autre, celui-là complètement armé, celle-ci avec une colombe dans sa main gauche. Dans ce couple on voyait, plus qu'en tout autre, les deux puissances contraires à l'action desquelles se réduisaient toutes les oppositions et les harmonies de l'univers, l'une étant la cause de la division et l'autre de l'union. Empédocle, dans son poème philosophique, réduisait la nature entière à la discorde et à l'amitié, et il appelait la discorde Arès (Mars) et l'amitié Aphrodite (Vénus).

La mythologie et l'art ne se maintinrent pas toujours à la même hauteur.

Le culte de la Vénus céleste passait pour avoir été inauguré

[1] Mars mari de Vénus chez Pindare, *Pyth.*, IV, 87, et Eschyle, *Suppl.*, 639.

à Athènes par Thésée. Sa place était prête dans une ville qui honorait sur toutes autres vertus la douceur, et qui avait pour patron, avec Minerve, créatrice du pacifique olivier, Apollon, qui, par l'harmonie, devait établir partout le règne de la paix. Harmonie et douceur n'est-ce pas, comme le dit Léonard de Vinci, une seule et même chose? Et quel autre pouvait inaugurer à Athènes le culte de Vénus Uranie, plutôt que le héros qui, en y fondant la démocratie, voulait, croyait-on, y faire régner l'amitié? l'amitié dont fut le type classique, après l'affection mutuelle des deux fils de Jupiter, ou Dioscures, celle de Thésée et de Pirithoüs?

Un législateur plus favorable encore à la foule que Thésée fonda ensuite pour elle le culte d'une Vénus d'ordre inférieur, qu'on appela *Pandémos* ou Vénus pour tout le peuple. Quelle que fût la signification originelle de ce surnom, sur laquelle on n'est pas d'accord, on ne peut douter, d'après la manière dont en parlent Platon et Xénophon, en l'opposant à la déesse qui inspirait les amitiés héroïques, que la Vénus Pandémos ne répondit à des idées moins élevées que l'antique et vénérée Uranie. Peut-être présidait-elle d'abord aux unions de la classe inférieure, qui avaient dû originairement, à Athènes comme à Rome, ne pas participer à l'honneur de la consécration religieuse. Solon imposa aux courtisanes l'obligation de payer à Vénus Pandémos un tribut; ce pouvait être le prix d'une sorte de tolérance pour un métier qui s'exerçait au préjudice du mariage, recommandé par l'institution du culte de Vénus Pandémos à tous les citoyens. Les courtisanes, comme l'atteste Lucien, sacrifiaient à la Vénus Céleste en même temps qu'à la Populaire. Plus tard encore, il y eut des autels pour une Vénus de troisième rang, à laquelle les courtisanes sacrifiaient tout particulièrement, et qu'on appelait elle-même du nom de courtisane (πόρνη)[1].

De ces Vénus d'ordres différents il dut résulter dans l'opinion commune une idée mixte et comme hybride de la divinité qu'elles représentaient.

C'est, du reste, un des traits les plus remarquables de la mythologie antique que chacune des personnalités entre lesquelles se partageait la nature divine se présentait encore aux esprits sous plusieurs formes : *Veneres Cupidinesque*, dit Catulle, qui exprime ainsi d'un mot cette particularité.

Des idées différentes qu'on s'était faites de Vénus et des accessoires qu'on y avait joints il se forma peu à peu une sorte de personnalité mythologique hybride, aux aventures romanesques, que connurent surtout les temps de la décadence, et, d'après ces temps, les siècles modernes. Vénus devint alors l'épouse de Vulcain, ancien dieu disgracié auquel fut attribué cette compensation, et Mars ne fut plus que l'amant adultère de la déesse. L'Astarté asiatique avait eu pour mari un grand dieu appelé Adonaï, c'est-à-dire le Seigneur : il devint chez les Grecs un chasseur, Adonis, aimé de Vénus, puis victime de la jalousie de Mars. Parmi ces nouveautés, l'invention du jugement de Pâris vint donner à l'antique symbole du bonheur et de la bonté un sens frivole. Le fruit si souvent mis à la main de Vénus ne fut plus qu'un prix de beauté proposé par la Discorde pour brouiller les unes avec les autres les principales déesses et, après la sentence rendue sur le mont Ida, un sujet de triomphe pour une puérile vanité.

À la période primitive où l'on plaçait les dieux dans une profondeur mystérieuse, dont procédait toute vie, une autre

[1] Voir Lobeck, *Aglaophamus*, p. 437.

succéda où ils passèrent à la surface de la terre et sur ses plus hauts sommets, en pleine lumière, ne laissant guère au séjour inférieur que quelques dédoublements d'eux-mêmes. C'est la révolution qu'Aristote indique en quelques mots dans ce passage du XIIe livre de sa *Métaphysique*, où, réfutant un argument que le matérialisme de son temps prétendait tirer du témoignage de l'ancienne poésie, il remarque que, si elle semblait faire tout commencer par la Nuit, elle n'en supposait pas moins au sein de la nuit originelle la présence d'une cause active de perfection et de beauté. Dans ce changement, la Vénus Uranie ne conserva pas sa puissance créatrice et ordonnatrice de toutes choses, ni son empire souterrain. Vraisemblablement, néanmoins, tant que dura son culte avec son nom, le souvenir subsista, dans certaines contrées, de sa primitive grandeur. Il dut se maintenir, surtout à Athènes, conservatrice jalouse des traditions antiques, jusque dans le Ve siècle, puisque Phidias, dans ce siècle, exécuta pour deux temples situés dans les deux principales parties de la cité, des statues de la Vénus Céleste. Que le fruit que tient en sa main la Vénus de Milo eût été ou non un attribut de ces figures, c'est à la déité dont elles étaient des représentations qu'il nous reporte, comme elle décèle par son style un art antérieur à la période où fut imaginée la fable de la pomme de discorde; c'est la Vénus qu'on avait encore en si grand honneur au siècle de Phidias qu'il nous révèle dans la statue de Milo, et non aucune des déesses de même nom qui lui succédèrent.

D'une manière générale, interpréter la statue de Milo d'après les inventions mesquines d'un temps de décadence, c'était lui appliquer une mesure qu'elle dépasse, pour ainsi dire, de toute la hauteur qui sépare de la religion et de l'art d'un pareil temps la religion et l'art des plus hautes époques.

La pomme dans la main de la Vénus de Milo, dont le style nous reporte à une époque plus ancienne que celle où fut imaginé le jugement de Pâris, c'est évidemment ce qu'était une grenade dans la main de la Junon de Polyclète : un symbole désignant la félicité divine, avec la paix, qui dans la pensée et le langage de l'antiquité enveloppait la prospérité. Ce symbole forme ainsi avec les armes du compagnon de la déesse, comme plus anciennement encore la colombe, un contraste harmonique. Ainsi rapprochés, ce sont des expressions de la pensée que figure tout le groupe : la douceur dominant par la persuasion la violence.

Cette pensée est celle qu'exprime encore Lucrèce dans les vers du commencement de son poème où il dépeint Mars subjugué par l'amour que lui inspire Vénus, et que l'auteur d'une inscription latine publiée par Gruter a rendue par ces mots, qu'il met dans la bouche de la déesse :

Martem sine marte subegi.

Dans l'opinion des Grecs, telle que l'exprima avec plus de force qu'aucun autre le poète philosophe Empédocle, mais que respire toute leur civilisation, il y avait deux éléments primordiaux des choses qu'on pouvait appeler le doux, ἥμερον, et le rude, ἄγριον, et desquels le second devait être assujetti finalement au premier. Aussi était-ce le sujet ordinaire des histoires mythologiques qui décoraient les temples que la lutte des héros contre les Centaures ou les Amazones; lutte que reproduisait, dans l'histoire réelle, celle des Hellènes contre les Barbares. C'étaient d'autres expressions et non moins significatives de la même idée que le Jupiter d'Olympie, dieu suprême que toute la Grèce venait y adorer, tenant sur sa main droite étendue une Victoire, mais couronné d'une branche d'olivier; que Pallas devenue la patronne d'Athènes en créant l'arbre de paix; que Bacchus, libérateur par excellence, à la physionomie remplie, comme celle de Jupiter, d'aménité, et entouré d'êtres farouches qu'il avait su dompter; enfin que le sourire qui règne dans les images archaïques sur le visage des personnages divins, et surtout de Vénus.

Le principe de douceur et d'unité, triomphant d'un principe contraire d'âpreté et de discorde, c'était tout le secret du monde soit naturel, soit social : le groupe qui nous occupe tel que le commentent, pour ainsi dire, de nombreuses imitations qui s'en sont retrouvées, en était la figuration par l'art.

IV

Si l'on peut définir ainsi que je viens de le faire la composition dont la Vénus de Milo faisait partie, est-on réduit, comme le croyait Quatremère de Quincy, à ignorer entièrement ce qu'était, quant à sa forme, et pour ainsi dire plastiquement parlant, le personnage qui lui était associé?

Au contraire, si je ne me trompe, on a des éléments suffisants pour le déterminer avec la plus grande probabilité.

Il existe un certain nombre de monuments soit de sculpture, soit de glyptique où figure, avec un Mars, une Vénus toute semblable, au moins pour l'ensemble et les principaux détails, à la statue de Milo. Les principaux sont quatre groupes de ronde bosse qui se trouvent au musée du Louvre, au Capitole, au musée des Offices de Florence, au casino Borghèse[1]; puis quatre bas-reliefs, à savoir deux qui décoraient des sarcophages, dont l'un faisait partie de l'ancienne collection Mattei, l'autre se voit au Campo Santo de Pise, et deux autres qui ont été exhumés récemment des ruines d'anciennes villes : le premier

[1] Voir pl. VII, fig. 1, le groupe du casino Borghèse, qui est inédit; dessin de M. Colligon. Les autres ont été publiés dans divers recueils.

de ceux-ci découvert il y a deux ans par M. le comte de Langoroucki, à Sidé, en Pamphylie[1], le second découvert depuis à Locres, par M. Paolo Orsi[2]; de plus une médaille de Faustine la jeune et deux pierres gravées du musée de Florence; et de ces monuments il faut rapprocher encore un groupe de ronde bosse du palais royal de Turin, où la Vénus de Milo est devenue une Hygie groupée avec un Esculape[3].

Dans huit de ces douze monuments, le personnage associé à la déesse est semblable, au moins pour l'attitude, à la statue du musée du Louvre, provenant de l'ancienne collection Borghèse, qui représente un guerrier coiffé d'un casque, et où l'on avait cru autrefois reconnaître un Achille. Il faut y joindre, comme ayant évidemment appartenu à des statues semblables, plusieurs têtes dont les mieux conservées se trouvent dans les musées du Louvre, de Dresde, de Munich, et dans le Campo Santo de Pise, de plus un torse d'une parfaite conservation, passé de la collection Campana au Louvre, enfin une statue de la collection d'Ince Blundel Hall, en Angleterre, qui ne diffère du prétendu Achille que par plus de sveltesse. On peut donc compter ainsi plus de vingt répétitions subsistantes, plus ou moins complètes, du type que représente cette statue; d'où il faut conclure qu'il en existait ou qu'il en avait existé un prototype célèbre et devenu classique.

La plus ancienne reproduction qui en subsiste, en même temps que la mieux conservée, est le guerrier Borghèse. Avec ce personnage ou avec un personnage semblable devait donc probablement être groupée une Vénus du même style, prototype de celle de Milo[4].

[1] Planche VII, fig. 3.

[2] Planche VII, fig. 4.

[3] Planche VII, fig. 2.

[4] Sur un des bas-reliefs du musée de Latran, à Rome, l'Amour adresse une flèche à un guerrier tout semblable d'attitude,

Dans le prototype de la Vénus de Milo, les jambes devaient être plus courtes; la taille, prise de face, devait y être plus large encore, la poitrine encore plus ample, avec plus de distance entre les seins, le galbe du visage plus uniformément plein, les yeux et la bouche plus grands. Car ce sont là des caractères que présentent, comparées à des ouvrages plus récents, les sculptures qui subsistent du ve siècle, par exemple les Cariatides du temple d'Érechtée, et dont plusieurs se retrouvent dans la statue de Madrid. Ils se montrent aussi jusqu'à un certain point dans une tête de marbre pentélique et, par conséquent, provenant presque sûrement d'Athènes, que j'ai trouvée dans un des magasins du Louvre, et qui, d'après son caractère général, ses proportions et son inclinaison sur le cou, doit être regardée comme ayant appartenu à une répétition du type que reproduit la Vénus de Milo. Malheureusement cette tête a été préparée pour subir une restauration, et de cette manière barbare dont j'ai parlé plus haut. La préparation a consisté ici à entailler profondément le front dans toute sa largeur, à faire disparaître le nez, une partie de la bouche et les oreilles. Mais ce qui reste du marbre me paraît suffire pour justifier ce que je viens d'avancer[1].

On pourrait donc effectuer une restitution très approchée du groupe original en y employant le guerrier Borghèse et en lui associant une Vénus de mêmes dimensions que celle

de costume et de proportions au guerrier Borghèse, et qui dépose à terre son épée. Dans ce groupe du casino Borghèse un amour accompagnait la Vénus.

[1] Voir pl. V, fig. 3 cette tête restaurée en plâtre. La figure 1 représente une tête en plâtre, que j'ai trouvée dans un magasin du Musée, et qui a dû appartenir à une belle répétition du type de la Vénus de Milo; la figure 2, celle qui a été trouvée à Arles, répétition un peu moins ancienne du même type.

de Milo, semblable pour les formes et pour le costume à la statue du musée de Madrid et à laquelle on donnerait pour tête, après les réparations indispensables, celle dont je viens de parler.

A la vérité, Friedrichs, que d'autres ont suivi (notamment M. Wolters, dans sa nouvelle édition du *Bausteine* de cet auteur), a cru qu'il fallait voir dans le guerrier Borghèse une création de l'époque romaine. Mais la raison qu'il en a donnée est ce que cette statue offre d'un peu massif dans ses formes. Or, au contraire, à l'époque dite *romaine*, on suivit, pour les proportions, les règles des dernières écoles grecques qui enseignaient, d'après Lysippe, à donner aux figures le plus de sveltesse et d'élégance possible. Le guerrier Borghèse a les jambes relativement courtes, en même temps que les pieds grands et les yeux très grands et ouverts, traits propres à une époque qui ne peut guère être plus récente que le commencement du ve siècle. Le travail du marbre, d'autre part, bien loin d'offrir la mollesse et la rondeur dont est affectée la statuaire romaine, surtout au siècle des Antonins, comme on le voit, par exemple, en maint Antinoüs, est exécuté, au moins pour le corps et les membres, avec la dureté dans laquelle Pline note un trait essentiel de l'ancien style grec. Pourtant la manière dont la chevelure et le poil du visage et du corps sont traités indique une époque un peu plus récente, d'où il faut conclure qu'on ne doit voir dans cette statue qu'une imitation d'un ouvrage plus ancien, dans laquelle se sont joints aux traits de l'original quelques traits un peu plus modernes, mais qui n'en met pas moins en mesure de deviner la date approximative de cet original.

Si maintenant, se reportant à la Vénus elle-même, on en

examine attentivement le style, il ressort de cet examen une conclusion analogue.

Quand la Vénus de Milo apparut, on l'attribua généralement à Praxitèle. La raison en était dans l'analogie qu'on remarquait et que fit ressortir Quatremère de Quincy entre la tête de cette Vénus et celle de la Vénus de Cnide. Évidemment le travail de la Vénus de Milo ne permet pas de la rapporter à un temps plus ancien que Praxitèle. Mais, de la ressemblance de la tête avec celle de la Vénus de Cnide, il ne suit pas nécessairement qu'il faille dès lors la rapporter à l'auteur même de cette dernière Vénus ou à quelqu'un de ses élèves. On peut aussi la rapporter à un temps un peu plus récent, où se serait fait encore sentir l'influence du grand sculpteur qui avait porté à une perfection inconnue jusqu'à lui la représentation de la beauté féminine. Et en effet, plusieurs circonstances s'opposent à ce qu'on fasse remonter la statue de Milo au temps de Praxitèle lui-même. Les yeux y sont notablement plus petits que chez la Vénus de Cnide, et rappellent par là le prétendu Inopus du Louvre, dans lequel j'ai cru pouvoir, lorsque j'étais préposé à la Conservation des Antiques, signaler un Alexandre, ouvrage de l'école de Lysippe. Elle offre d'ailleurs je ne sais quoi d'onduleux dans les chairs et une liberté, sinon même une savante négligence dans la chevelure, exécutée en partie au trépan, sans souci d'effacer la trace de cet instrument, qui paraissent trahir l'école de Lysippe[1]. Il ne semble donc pas qu'on doive faire remonter cette statue au-dessus du siècle d'Alexandre. Mais, d'autre part, on peut y noter des vestiges d'un style plus ancien que celui même de Praxitèle. Ce sont la largeur de la poitrine et de la taille et la grandeur du pied, qui

[1] Qu'il me soit permis de renvoyer ici à ce que j'ai dit du style de Lysippe dans *l'Hercule ἐπιτραπέζιος* (*Mém. de l'Acad. des Inscr.*, 1888).

se retrouvent dans la répétition du même type, restauré en Joueuse de lyre, qu'on voit au Louvre, ainsi que dans la Vénus de Falerone, qui fait aussi partie de ce musée. Ces traits nous reportent jusqu'au ve siècle.

Enfin, avec ces circonstances, les négligences qui se rencontrent dans la statue de Milo, et ce fait qu'elle a été taillée dans deux morceaux de marbre assemblés, ce qu'on n'eût guère fait pour une œuvre originale, sont des indices qu'on ne doit voir dans cette statue, malgré sa rare beauté, qu'une reproduction d'un prototype célèbre. La Vénus qui fut le prototype de celle de Milo devait en différer par le costume. Au ve siècle on ne représentait les déesses ni nues, ni même à demi nues. La Vénus primitive devait donc porter, outre le manteau qui enveloppe la partie inférieure de son corps soit dans la Vénus de Milo, soit dans toutes les reproductions ou variantes qu'on en possède, la tunique qui était la pièce principale du costume féminin chez les Grecs.

D'où il faut conclure que la Vénus de Milo est une reproduction, quoique exécutée avec une grande liberté, à l'époque hellénistique, d'un modèle créé au siècle de Phidias.

C'est là une conclusion qu'est venue confirmer, depuis que je l'ai énoncée, une découverte faite dans les ruines d'une ancienne ville de la Grande-Grèce.

M. Paolo Orsi, conservateur du musée de Syracuse, qui dirige depuis trois ans les fouilles entreprises par lui, avec l'assistance de deux membres de l'Institut archéologique de Rome, dans les ruines de Locres, en a exhumé, parmi quantité de figurines en terre cuite, appartenant presque toutes à de hautes époques, un fragment d'un bas-relief de la même matière, représentant une femme semblable en ses traits principaux à la Vénus de Milo, groupée avec un guerrier nu, portant à son bras gauche un bouclier, qui ne ressemble pas moins au guerrier Borghèse. Et il n'est pas possible, à son avis, m'a-t-il écrit en me faisant part de sa découverte, d'assigner à ce morceau une autre date que la période comprise entre l'année 450 et l'année 410 avant l'ère chrétienne. On peut considérer comme infiniment probable que cette terre cuite [1] est, comme tant d'autres, une réduction à une petite échelle d'un monument célèbre de sculpture. Ce monument devait être l'original du groupe dont j'ai tenté la reconstruction.

En supprimant la tunique, l'auteur de la Vénus de Milo a modifié le manteau de manière à en faire comme un vêtement de nature intermédiaire. La tunique des femmes grecques était faite d'une étoffe mince, à plis nombreux; le manteau, d'une étoffe plus épaisse, à plis plus rares. Dans la Vénus de Milo le manteau est d'une étoffe d'épaisseur moyenne, et, tandis que dans toutes les autres répétitions du même type le manteau tombe, à partir du genou, en une masse verticale, chez la Vénus de Milo il colle à la jambe et en épouse la forme. La figure en a peut-être moins de majesté et plus de cette élégante légèreté qu'affecta Lysippe.

La Vénus du bas-relief de Locres porte, avec le manteau, la tunique.

En outre, on peut juger de ce qu'était, probablement, dans la Vénus primitive la disposition de la tunique par celle qu'offrent la répétition qui se trouve dans le musée de Madrid [2] et une autre que j'ai découverte dans le jardin dit *de la Pigna*, au Vatican [3]. Dans l'une et l'autre, la partie supérieure de la tunique est assujettie par une cordelette qui, après avoir passé sous les bras et par-dessus les épaules pour se croiser derrière le dos,

[1] Pl. VII, fig. 4. — [2] Pl. VI, fig. 3 et 4. — [3] *Ibid.*, fig. 1 et 2.

revient se nouer sous le sein, et une seconde cordelette entoure le corps à la hauteur des hanches; celle-ci, qui se voit souvent dans les statues antiques, servait à relever plus ou moins haut la tunique, suivant qu'il s'agissait de marcher, de danser ou de courir. La déesse de la chasse, telle que la représente la célèbre statue du Louvre qui fut anciennement un des principaux ornements de Fontainebleau, puis de Versailles, ne porte pas d'autres vêtements que les Junons et les Muses. Seulement sa tunique est relevée par une ceinture jusqu'au-dessus du genou, et son manteau enroulé en bandoulière autour du corps. La cordelette supérieure était nécessaire pour maintenir la tunique lorsque ce vêtement était sans manches ou à manches très larges; on la trouve rarement sur des monuments des siècles qui suivirent le ve, et où paraît être devenu général l'usage des manches étroites. Et la statue du musée de Madrid rappelle dans tout son ensemble, à beaucoup d'égards, le style du ve siècle. Très probablement donc encore une fois, on peut juger d'après cette statue, à laquelle est conforme celle du Vatican, de ce qu'était, dans le prototype de la Vénus de Milo, la disposition du vêtement.

On donnera une idée approximative de ce que fut le groupe dont la Vénus de Milo faisait partie, si on la groupe avec le guerrier Borghèse en faisant subir à cette dernière statue quelques légères modifications, particulièrement pour les longueurs des jambes, de manière à la mettre en accord avec la Vénus.

C'est l'essai que j'ai fait, et que reproduit la dernière des planches placées à la suite de ce mémoire[1]. Dans cette tenta-

[1] Pl. IX.

tive de restitution approximative, j'ai substitué au torse du guerrier Borghèse celui de la répétition du même type, qui provient de la collection Campana, et qui est à peine différent, mais qui pourtant offre moins de traces du style archaïque. Comme y autorisent plusieurs des monuments où se retrouve le même type, j'ai mis dans la main droite du personnage une épée, à son bras gauche, un bouclier. Le cimier du casque, qui n'existe plus dans la statue du Louvre, a été rétabli d'après une variante dont j'ai rencontré un moulage à Rome, moulage qui est aujourd'hui au Louvre. Tel qu'est le groupe ainsi reconstitué, et quelles que puissent être les imperfections des restaurations, d'ailleurs peu considérables, comme on le voit, qu'il a été nécessaire d'y pratiquer pour le faire servir à l'objet que je me proposais, on reconnaîtra, je crois, facilement, que l'aspect en justifie mon hypothèse.

Non seulement, en effet, les deux figures qui, prises chacune à part, n'ont jamais pu recevoir aucune interprétation plausible, s'agencent ensemble et même en plusieurs points s'enchevêtrent, quand on les groupe ainsi, sans la moindre difficulté, mais telle est la concordance de leurs attitudes qu'elles apparaissent aussitôt comme faites pour l'expression d'une seule et même pensée.

A voir la manière dont Vénus se tourne vers le guerrier en même temps qu'elle pose doucement sur son épaule, comme en signe d'affection, une main dans laquelle elle tient un attribut qui est une promesse tacite de félicité, on voit qu'elle vient de lui adresser des paroles de tendresse auxquelles elle attend une réponse. Et lui, toute sa contenance indique qu'avec quelque hésitation il va céder pourtant, et même cède déjà à l'appel persuasif de la déesse. Il passait, le bouclier au bras gauche, l'épée à la main droite, lorsque Vénus l'a interpellé. On peut même ajouter que, marchant en armes au combat, il devait être dans un mouvement tout semblable à celui du personnage qui est si connu sous l'ancienne et inexacte dénomination de *Gladiateur combattant*, c'est-à-dire le corps penché en avant, porté sur la jambe droite, la jambe gauche en arrière, ainsi que le bras droit, et le bouclier en avant : en un mot, dans l'attitude la plus convenable pour frapper avec force tout en se protégeant; arrêté dans son élan, il a reporté le poids de son corps sur la jambe gauche qui maintenant en est le support; le bras gauche ramené en arrière, il laisse tomber le bras droit le long de son corps, et sa tête, tournée du côté de la déesse, s'incline, ainsi que son regard, en exprimant ainsi un moment de réflexion et d'incertitude.

La composition forme donc un ensemble dont les parties respectives se répondent avec une justesse qui ne peut être, quoi qu'en ait dit un savant archéologue[1], un pur effet du hasard. Le hasard ne produit pas de tels miracles.

Ajoutons qu'avec ce que le groupe offre ainsi d'harmonie pour ainsi dire physique et morale, il n'offre pas moins d'harmonie esthétique. Celle-ci résulte et du concert des deux formes les plus excellentes de la beauté, la virile et la féminine, qui se complètent l'une l'autre, et mieux encore, s'il est possible, du concours heureux des attitudes et des expressions. Dans tout ce qui nous reste de l'antiquité, on trouvera difficilement un groupe qui soit d'une beauté supérieure ou même égale.

V.

Parvenus à ce point, une nouvelle question s'élève. Si le compagnon de Vénus est dans le groupe le dieu Mars, son époux,

[1] Bernoulli, dans son *Aphrodite*.

comment se fait-il que la déesse y occupe la place principale? La place principale fut toujours la droite. Aussi, dans tous les monuments antiques où figurent les dieux et les déesses assemblés en couples conjugaux, surtout dans les monuments des hautes époques, l'époux est à droite et l'épouse à gauche. Citons seulement, à titre d'exemple, la grande base de candélabre du Louvre, où sont assemblés en couples les douze principaux dieux, et ajoutons que la même coutume est suivie dans les couples conjugaux d'époque archaïque qui ornent les stèles funéraires spartiates, aussi bien que dans ceux qu'on rencontre en Égypte. S'il est des monuments grecs et romains où se rencontre la disposition contraire, on trouvera, en les examinant attentivement, que ce sont des compositions où est reconnaissable l'imitation du groupe, évidemment devenu classique, qui nous occupe, et dont l'autorité esthétique, pour ainsi dire, prévalait chez les artistes, en des temps de décadence, sur celle du rituel religieux et civil. Cela étant, il ne paraît pas possible d'admettre que, dans notre groupe, le guerrier placé à la gauche de Vénus soit Mars.

Dira-t-on que, dans notre groupe, Mars est l'amant de la déesse, non son époux, et que c'est ce qui explique qu'il n'y occupe pas la première place? Mais, comme on l'a vu, l'histoire des amours adultères de Vénus et de Mars est une légende d'invention récente, née de la corruption de l'ancienne mythologie. On n'en trouve pas de trace sur des monuments qui remontent à des époques aussi hautes que la Vénus de Milo, et surtout que le prétendu Achille Borghèse. À de telles époques, lorsqu'on assemblait sur un monument Mars et Vénus, c'était pour en faire un couple conjugal, comme celui de Jupiter et de Junon, de Neptune et d'Amphitrite, et dans tout couple de ce genre, encore une fois, le mari occupe la droite.

En second lieu, soit dans le groupe où figurait la Vénus de Milo, soit dans le groupe original, la Vénus et son compagnon devaient être de la même taille.

Que le guerrier ait été, dans l'original, de la taille du guerrier Borghèse, c'est ce qui résulte de la comparaison de tous les fragments qui subsistent de répétitions de ce type : les dimensions en sont généralement identiques. Dans la statue d'Ince Blundel Hall, le pied est beaucoup plus petit : c'est que les proportions y sont modifiées conformément aux règles de Lysippe; mais la hauteur totale y est, à très peu près, la même, c'est-à-dire d'un peu plus de deux mètres.

La Vénus, d'autre part, devait être, dans la plupart des reproductions, et, par conséquent, dans le type primitif, de la hauteur qui est celle de la Vénus de Milo. C'est encore ce qui résulte de la comparaison du plus grand nombre des fragments qui subsistent de répétitions de cette figure. Et cette hauteur était la même que celle du guerrier. Or, c'est ce qui n'aurait pas dû être si le compagnon de Vénus eût été comme elle un dieu : il aurait dû, dans ce cas, être plus grand, le personnage viril étant toujours, soit parmi les mortels, soit parmi les immortels, de taille plus haute que le féminin. De ce que, dans notre groupe, le guerrier ne surpasse pas en hauteur la déesse, il faut donc conclure que l'artiste a voulu montrer en lui un simple héros.

Mars, d'ailleurs, est toujours représenté dans un âge tout à fait viril, non sans quelque apparence de rudesse. Comment le reconnaître dans ce jeune homme, dont la chevelure est longue et s'échappe mollement de son casque pour lui tomber sur le cou, dans ce jeune homme encore presque imberbe, qui n'a que des favoris naissants? Comment, surtout, le reconnaître pour ce dieu, avec son air de grande mansuétude? Au lieu du dieu de la guerre, toutes ces circonstances trahissent plutôt un jeune héros, et l'un de ceux, s'il en fut, dont la douceur était un caractère essentiel.

Ajoutons encore que, suivant toute apparence, le groupe était d'origine athénienne. La Vénus de Milo est en marbre de Paros, et a pu être exécutée loin de la région où en avait été créé le modèle. Mais le guerrier Borghèse, qui accuse une époque peu éloignée de celle où le prototype en avait été créé, est en marbre pentélique, matière dont furent faits tous les grands ouvrages de sculpture à Athènes, au ve siècle, et qu'on n'employa que rarement ailleurs. Vraisemblablement donc, c'est un héros cher à Athènes que représente le guerrier Borghèse. La disposition de la chevelure, la forme et l'ornementation du casque de ce guerrier se retrouvent en des bustes où l'on a cru reconnaître Miltiade et Thémistocle, qui sont certainement, en tout cas, ceux de généraux athéniens, et où le style dénote avec évidence l'école de Phidias ou de ses plus prochains successeurs.

De tous les héros, maintenant, celui qu'Athènes honora le plus avec le grand Alcide, fut celui auquel elle rapportait son origine, à savoir Thésée.

Aussi ne peut-on douter qu'on n'eût fait de Thésée, à Athènes et dans ses colonies, de nombreuses images, et il doit s'en trouver beaucoup dans les musées qu'on n'a pas encore reconnues pour ce qu'elles sont. Je me bornerai à citer quelques exemples empruntés au musée du Louvre. On y voit une tête en marbre pentélique, d'un beau style, rappelant le ve siècle, coiffée d'une peau de lion, et qui y est dénommée Omphale. Mais la prétendue

Omphale a des cheveux courts et redressés sur le front, de caractère herculéen, qui sont évidemment ceux d'un jeune homme, et l'on peut considérer comme très probable qu'il faut voir dans cette tête juvénile un débris d'une statue de Thésée. Il en est de même de la tête, aussi en marbre pentélique, qui est si connue sous le nom d'*Hercule jeune*. Celle-ci, de plus, différente de celle du guerrier Borghèse en ce que les cheveux sont courts et droits comme chez la prétendue Omphale, offre et le même mouvement d'inclinaison sur l'épaule droite, et le même air de douceur que ce guerrier. Tout y est, en outre, d'un style analogue (la bouche particulièrement), et il me paraît probable, dès lors, qu'elle provient d'une statue du même temps et à peu près semblable, variante du même type.

Il existe un grand nombre de morceaux de sculpture, où se reconnaissent sans difficulté des répétitions du guerrier Borghèse. Deux des plus considérables offrent des particularités propres à Thésée : ce sont le torse dont j'ai parlé plus haut, qui est passé avec une partie de la collection Campana au musée du Louvre, et une statue de la collection d'Ince Blundel Hall, en Angleterre, que j'ai aussi mentionnée déjà. Thésée était souvent assimilé à Hercule; c'était proprement un Hercule athénien de nature plus élégante que le héros béotien, mais auquel on donnait volontiers les attributs de celui-ci : la peau de lion pour arme défensive, et pour arme offensive la massue.

Le torse du Louvre est appuyé à un tronc d'arbre, comme le guerrier Borghèse, mais sur ce tronc d'arbre est posée une peau de lion; de plus, on voit sur les épaules les deux bouts d'une bandelette qui, évidemment, dépendait d'une couronne ceignant la tête, la *corona tortilis*, entourée d'une bandelette, qu'on donnait si souvent à Hercule. Le torse, n'ayant point, d'ailleurs, les formes massives qu'on attribuait presque toujours au fils d'Alcmène, ne peut guère être que celui d'un Thésée auquel l'artiste avait donné les attributs herculéens.

Le personnage représenté par la statue d'Ince Blundel Hall est casqué et en même temps il portait une massue, et ne peut donc être, comme on l'a toujours cru, qu'un Thésée. Or, il est absolument conforme, sauf des différences de proportions qui accusent une époque plus récente, au guerrier Borghèse.

De la comparaison de ces deux morceaux avec le guerrier Borghèse on est donc autorisé à induire que c'est un Thésée que ce guerrier.

Une deuxième raison de voir dans le guerrier Borghèse le héros qui fonda Athènes est son air de douceur.

Si les Grecs, en général, comme je l'ai déjà dit en exposant comment ils concevaient leur Vénus céleste, considéraient volontiers comme expliquant toutes choses par leur contrariété et leur accord final deux principes opposés, l'un de sauvage rudesse, l'autre de douceur et de paix; si, rapportant au premier la barbarie, au second l'hellénisme, ils ornaient les frises de tous leurs temples de compositions où la lutte des deux principes était figurée par celle des héros grecs contre les Centaures ou les Amazones, cette idée était surtout l'idée favorite d'Athènes; et la mansuétude qu'elle prétendait représenter mieux qu'aucune autre cité, elle devait naturellement la personnifier dans le héros de qui elle croyait tenir ses lois primordiales.

Thésée passait, en effet, pour avoir été doux aux humbles. Il avait donné à Athènes sa constitution démocratique. C'est à quoi M. de Witte a cru que fait allusion la tunique courte et sans manches que porte le héros sur deux vases peints d'ancienne époque, appartenant l'un au musée du Louvre, l'autre au Cabinet d'antiquités de la Bibliothèque nationale, tunique qui, en effet, était le vêtement spécial des ouvriers et des esclaves; et l'on peut en dire autant du bonnet que porte Thésée sur un bas-relief du Musée, où il est en présence de suppliants qui l'adorent; ce bonnet est celui que les Romains appelèrent *pileus* et qui était la coiffure des esclaves et des ouvriers. En réunissant, pour en former la cité athénienne, des communes éparses, qui avaient dû jusque-là se haïr et s'opprimer les unes les autres, Thésée avait élevé au milieu de la communauté nouvelle un autel à la Pitié, où devaient trouver un asile toujours ouvert les misérables, et particulièrement ceux qui alors étaient misérables entre tous, les bannis et les fugitifs. Dans l'Œdipe à Colone, il accueille avec une bonté hospitalière le malheureux fils de Laïus, repoussé de partout. Rien donc ne pouvait mieux convenir à une statue de Thésée qu'un air de douceur et de bonté.

Enfin, sur la statue Borghèse, un attribut singulier, qu'il est naturel de rattacher aux mêmes conceptions, paraît fournir un troisième argument, et celui-ci décisif, en faveur de la conjecture selon laquelle c'est le fondateur et patron d'Athènes que représente cette statue. Je veux parler d'un anneau qui enserre le bas de sa jambe droite, et qui me semble ne pouvoir être interprété que comme se rapportant à l'une des principales aventures du héros, ou pour mieux dire, à la plus caractéristique de toutes ses aventures.

L'anneau du guerrier Borghèse a été expliqué, lorsqu'on faisait de ce guerrier un Achille, comme un appareil destiné à protéger la seule partie de son corps qui fût vulnérable, le talon. Mais il est placé trop haut pour rendre ce service. J'avais proposé d'y voir une courroie servant à défendre les malléoles contre les bords de la cnémide, qui venaient s'y appuyer. Mais cette explication n'était pas non plus satisfaisante. On ne voit pas pourquoi le sculpteur n'aurait placé un tel appareil qu'à l'une des jambes, ni pourquoi on ne le rencontrerait sur aucune autre statue; et enfin l'anneau est placé ici trop haut encore pour protéger les malléoles. A y bien regarder, on n'y peut voir qu'un lien auquel s'attachait une chaîne, tel qu'on en devait placer à l'une des jambes d'un prisonnier pour l'empêcher de s'enfuir.

Mars avait été prisonnier des Géants; par une supposition d'ailleurs vraisemblable, dans l'hypothèse où le guerrier Borghèse serait un Mars, on pourrait prendre l'anneau qui entoure sa jambe pour une allusion à cette aventure. Mais, par les raisons que j'ai exposées, le guerrier Borghèse ne peut être un Mars, mais bien plutôt, avec les attributs de Mars, un Thésée, et c'en est justement la plus forte preuve que cet anneau que son histoire aussi explique qu'on lui ait donné, et qui ne pouvait figurer mieux en aucun autre moment qu'en celui que représente le groupe qui nous occupe.

Thésée avait été captif, et c'était un des traits les plus particuliers de son histoire. Parti pour l'île de Crète avec les jeunes gens qu'Athènes devait livrer en proie chaque année au Minotaure, il avait été enfermé avec eux dans le Labyrinthe, habitation du monstre. Or, le Labyrinthe, avec ses détours inextricables où se perdait quiconque voulait s'en échapper, devait être un de ces cachots où il était d'usage, dans toute l'antiquité, de détenir les captifs enchaînés à la muraille. Rien de plus naturel que de rappeler dans une statue de Thésée, qui le représentait élevé en gloire, et pour faire ressortir d'autant mieux sa glorification actuelle, son ancienne humiliation. Les deux vases peints, que j'ai cités tout à l'heure pour le costume de Thésée, le représentent glorifié, et, sur l'un et l'autre, il a à la jambe droite un lien auquel doit équivaloir l'anneau de la statue.

A la vérité, conformément à un préjugé régnant dans l'archéologie, et d'après lequel on voit des adieux dans une foule de compositions où deux personnages se donnent la main et où j'ai cherché à prouver qu'il faut voir des scènes de réunion, M. de Luynes et M. de Witte ont interprété les peintures de deux vases, une amphore du Cabinet des antiques et une coupe du Louvre, comme représentant les adieux de Thésée à Neptune et à Amphitrite, dont une légende accréditée faisait ses parents. Mais, si je ne me trompe, elles représentent en réalité le retour du héros auprès de ses parents dans leur divin empire.

Sur l'amphore du Cabinet des antiques[1], Neptune, assis sur un trône, tend la main à son fils debout devant lui. Derrière le dieu, une femme tient une couronne. Très vraisemblablement cette couronne est destinée à exprimer l'idée de la terminaison glorieuse de la carrière du héros. On se l'expliquerait moins facilement dans l'hypothèse d'un départ, et il est plus naturel d'y voir une récompense qu'une promesse.

La coupe du musée du Louvre[2] est très grande. Les coupes de ce genre, déposées dans des tombeaux, paraissent avoir été destinées à exprimer une idée d'apothéose. Hercule, au moment où il est reçu dans l'Olympe, tient souvent une grande coupe que remplit une déesse. La coupe dont il s'agit ici est décorée, à l'extérieur, d'une suite de petits tableaux représentant les principaux exploits de Thésée, et, à l'intérieur, d'un seul, où les personnages sont de plus grandes dimensions, et où ils figurent le héros, sa mère et Minerve. La diffé-

[1] Pl. VIII, fig. 2. — [2] *Ibid.*, fig. 1.

rence seule des dimensions est un indice que cette dernière scène se passe dans un monde supérieur à celui où se passent les autres. Et, en effet, Amphitrite assise tend la main à son fils debout devant elle, comme dans les compositions que je viens de rappeler on voit des bienheureux, dans le séjour éternel, prenant la main de personnages de leur famille qui viennent les y rejoindre. Auprès de Thésée est Minerve, l'assistante des héros dans leurs épreuves; des poissons nagent çà et là, indiquant que l'entrevue a lieu dans le royaume des mers, et un triton vient, se prosternant aux pieds de Thésée, supporter sur la paume de ses mains renversées la plante des pieds du héros, comme pour honorer en lui son seigneur et maître. Assurément, l'explication la plus naturelle de tout le monument est qu'il est consacré à célébrer la réception de Thésée, à la fin de sa carrière, dans l'empire maternel.

Or, sur les deux vases, le héros a un lien au bas de la jambe droite.

Plusieurs monuments peuvent servir et à distinguer de l'appareil qui servait à protéger les malléoles contre les cnémides l'anneau de captivité et à confirmer l'interprétation que je propose pour la présence, chez le guerrier Borghèse, de cet anneau. Au bas d'une jambe ayant appartenu à un des guerriers qui décoraient les frontons du grand temple d'Égine, jambe qu'on a publiée récemment avec quelques autres fragments, on voit une cordelette qui en fait deux fois le tour; c'est là évidemment l'appareil qui protégeait les malléoles. Sur un vase de la collection Lemberg [1], Achille poursuit Lycaon; on voit aux deux jambes du premier la même cordelette enroulée qu'à la jambe

[1] Tome I, planche 18.

qui provient du fronton d'Égine, et à la jambe droite du fils de Priam un lien semblable à celui qui entoure, sur l'amphore de la Bibliothèque nationale et sur la coupe du Louvre, la jambe droite de Thésée; que ce lien soit un signe d'esclavage, c'est ce dont on ne doutera guère si l'on se rappelle que Lycaon avait été esclave, qu'il est un autre héros encore à la jambe duquel le même lien se retrouve, sur des vases peints, à savoir Pélée, et que Pélée avait été quelque temps prisonnier des Centaures.

Le symbole que tient Vénus dans notre groupe est donc dans la plus parfaite correspondance avec celui qui sert à caractériser le héros, le premier signifiant mérite, le second récompense. Et, par le contraste des deux symboles on s'explique aisément pour quelle raison l'artiste, dans une composition qui devait être un panégyrique figuré de Thésée, a donné à celui-ci, au moment de répondre aux paroles que lui a adressées la déesse, un air de rêverie qui semble signifier irrésolution. Par cet air de rêverie, combiné avec la présence du signe de son dévouement spontané d'autrefois, on a voulu, apparemment, ajouter à son caractère un dernier trait qui le rend d'autant plus digne de sa haute destinée. Si Thésée a été esclave, c'est qu'il l'a voulu, et s'il l'a voulu, c'est pour délivrer, à ses risques et périls, des prisonniers dont il a partagé le sort. En figurant sur la statue comme dans les peintures de deux vases le signe de sa captivité, on rappelait donc, en même temps que sa *passion*, la vertu qui l'avait porté à la subir. Par la générosité qui a été le grand mérite du héros et que rappelle l'attribut qu'il porte comme le fruit dans la main de Vénus rappelle sa divine bienveillance, s'explique, enfin, jusqu'à son air de rêverie et d'indécision.

Comment se fait-il qu'à l'appel de la déesse il semble un

moment hésiter? Il y a quelque chose ici qui rappelle l'allégorie célèbre où Prodicus avait représenté Hercule entre deux chemins, dont l'un, doux et fleuri, était celui de la Volupté, et l'autre, âpre et pénible, celui de la Vertu. Ici, à l'appel de Vénus elle-même, le héros semble douter s'il déposera pour la suivre une arme dont réclament le secours l'infortune et la faiblesse. Dans son cœur magnanime lutte contre l'amour la Pitié à laquelle il a consacré sa vie et voué sa cité.

Entre la pensée qu'exprimait la fiction de Prodicus et celle que figurait le groupe de la Vénus céleste et de Thésée, il y avait pourtant une différence. Dans la fiction de Prodicus, la Volupté dispute Hercule, au début de sa carrière, à la Vertu. Dans le groupe athénien, c'est la déesse de la félicité céleste qui vient récompenser par la paix éternelle la vertu héroïque. Et au fond, ce qu'elle récompense, c'est son œuvre même. Thésée, au moment de partir pour la Crète, sacrifiait à Vénus; il lui sacrifiait encore en en revenant; c'est que c'était en réalité une seule et même divinité que cette Pitié dont il fonda le culte aussi bien que celui de Vénus Uranie, et qui avait inspiré son entreprise de délivrance, et que cette divinité, génie de bienveillance et d'amour, qui avait fait descendre le héros au Labyrinthe. En l'élevant auprès d'elle, au terme de sa carrière, à la dignité et à la félicité divines, c'était, suivant une formule de la théologie chrétienne, ses propres dons qu'elle couronnait.

Si, en effet, ces observations faites, on se reporte encore une fois du héros à la déesse, on trouve qu'à la grâce, dont on fit dans tous les temps l'attribut caractéristique de Vénus, elle joint la majesté qui lui convient, si l'on voit en elle, comme l'avait fait la haute antiquité, une souveraine à laquelle obéit le monde entier. Cette majesté entrait si bien, en effet, dans l'idée que l'Orient s'était faite de sa Reine du ciel, que les Romains, rencontrant à Carthage la déesse que les Tyriens y avaient portée et qui y était la patronne de la ville, déesse qui ne devait être autre que l'Astarté phénicienne, crurent trouver en elle leur Junon. La même qualité, que devait offrir à un haut degré la Vénus qui fut le prototype de la Vénus de Milo, se retrouvant dans cette dernière figure, on la prit, dans notre siècle où l'on ne se souvenait pas assez de ce qu'avait été la Vénus primitive, pour de l'arrogance. Mieux instruits du caractère de la Vénus céleste, en laquelle devaient être unies, comme en Jupiter, tel que le comprirent Homère et Phidias, la majesté et la douceur, nous devons reconnaître que cette alliance se rencontre au plus haut degré dans la statue de Milo et doit faire voir dans cette statue une image de l'antique Uranie, et Uranie dans le moment surtout où, remplissant le même rôle qui fut spécialement celui de Proserpine, elle accueille en souveraine un mortel auquel elle confère par cet accueil même la dignité divine.

C'était, comme on l'a vu, Thésée qui avait introduit à Athènes, dont il était, après Érechtée, le fondateur, le culte de la Vénus céleste. Il avait voulu, sans doute, témoigner ainsi de sa gratitude envers la déesse qui lui avait rendu la mer favorable pour son voyage à l'île de Crète et qui aussi avait dû inspirer à une fille de Minos l'amour par lequel elle avait été portée à fournir au héros le moyen de sortir du Labyrinthe. Thésée, en effet, dès son retour, comme je viens de le rappeler, avait offert un sacrifice à Vénus. Mais surtout, en érigeant un temple à la Vénus céleste, il devait avoir pour objet de recommander à sa cité chérie, qui devait être douce entre toutes autres, la déité dont la douceur était l'éminent caractère.

Quoi qu'il en soit, on appelait du nom de « fiancée » (νύμφη) la Vénus placée dans le temple qu'avait bâti Thésée, et l'explication qui me paraît la plus probable de cette épithète, c'est qu'on honorait spécialement dans ce temple, et apparemment en conformité avec la pensée du fondateur, la déesse qui, d'ailleurs, présidait à l'union conjugale comme étant l'épouse sacrée, promise, pour la vie future, aux héros. Rien, dès lors, de plus naturel que de la représenter dans un monument d'art comme étant pour Thésée lui-même, dans l'autre monde, une fiancée. Et c'est dans ce rôle que différentes circonstances semblent indiquer qu'est figurée la Vénus de Milo, comme devait l'être la statue antique dont elle reproduit les traits essentiels.

Derrière la Vénus de Milo, il se trouve une dépression du sol qu'accuse un pan, qui y descend, de sa draperie[1]. C'est un détail que l'atelier de restauration du Musée, comme on l'a vu, avait fait disparaître. Au bord de cette cavité se trouve aussi l'ébauche d'un tronc d'arbre qui sert à fournir un appui à la statue, mais qui pouvait servir, en outre, à indiquer que dans la cavité s'amassent des eaux qui favorisent la végétation. On se figurait volontiers la région élyséenne comme une terre où coulaient des eaux abondantes, bordées de ces sortes d'arbres auxquels l'élément humide est le plus favorable. Dans l'Odyssée, Ulysse, arrivant au royaume de Proserpine, y rencontre tout d'abord des peupliers et des saules.

D'un autre côté, Vénus pose le pied gauche sur une élévation du terrain. Cette attitude est, comme plusieurs archéologues l'ont remarqué, un signe ordinaire de domination. Mais on peut croire qu'en outre l'élévation de terre indique ici, comme par une sorte d'abréviation conventionnelle, une hauteur. L'Élysée était une contrée où se trouvaient des montagnes aussi bien

[1] Pl. III, fig. 4.

que des plaines, et surtout, peut-être, des montagnes, que l'on croyait être particulièrement sacrées. L'Orion de l'Odyssée chasse encore dans les enfers, et, sans doute, parmi des monts couverts de forêts, car c'est là que vivaient les animaux sauvages.

Sur nombre de vases peints, les bienheureux, que servent des satyres ou des nymphes, sont assis sur des rochers entassés qui paraissent représenter des lieux élevés.

La draperie qui forme tout le vêtement de la Vénus de Milo traîne par un pan, comme on vient de le voir, dans la cavité située derrière la déesse. N'est-ce pas un indice que Vénus en émerge, et, vraisemblablement, après s'être baignée dans une eau qui y est contenue?

Le désordre de sa chevelure, dont quelques boucles flottent sur son cou (et il en est de même dans la variante du jardin de la Pigna) suggère l'idée qu'elle sort du bain. Elle en sort, et, voulant arrêter Thésée au passage, elle n'a pu, au lieu de replacer son manteau sur ses épaules, que le jeter autour d'elle. De ces différentes circonstances il semble qu'on est autorisé à conclure, le bain étant un préliminaire sacramentel du mariage, que toute la composition de la Vénus de Milo a eu pour objet de représenter la déesse dans le rôle d'une fiancée divine à la veille de noces élyséennes. Ces noces, c'est elle-même qui les propose à un héros, son inférieur, mais qu'elle a rendu digne par son inspiration de régner avec elle. C'est l'image expressive d'une grâce divine qui va chercher l'humanité afin de se l'unir; conception qui n'était pas étrangère au judaïsme, où Jéhovah va comme au-devant de la nation élue pour la rapprocher de lui, et que la religion chrétienne devait porter, après le paganisme et le judaïsme, à une nouvelle hauteur.

VI

Il reste à déterminer, s'il est possible, à quel auteur ou à quelle école doit être rapportée la composition à l'une des variantes de laquelle appartenait la Vénus de Milo, à déterminer aussi où elle était placée, à quelle fin, puis comment il se fit qu'il s'en trouva dans une des îles de l'archipel grec une si remarquable reproduction.

Du grand nombre des répétitions et des variantes qui ont été exécutées du type reproduit par la Vénus de Milo on peut conclure que ce type était renommé, et, comme on l'a vu, on ne peut le faire remonter à une époque moins haute que le commencement du ve siècle. Or trois auteurs, Pline, Pausanias, Lucien, s'accordent à mentionner comme célèbre une Vénus de ce siècle, une seule, œuvre d'Alcamène et de Phidias, qu'on admirait à Athènes dans une région appelée les Jardins, et qu'on appelait, en conséquence, communément la *Vénus des Jardins* : c'est donc là le prototype auquel il semble qu'on doive rapporter la Vénus de Milo.

A cette conclusion on opposera peut-être tout d'abord qu'en parlant de la Vénus des Jardins, Pline, Pausanias, Lucien ne disent rien d'un second personnage. On ne peut donc, pourra-t-on dire, entendre par ce monument un groupe. Mais l'objection n'est pas insurmontable. On dit *la Vierge à la chaise*, *la Vierge au berceau*, etc., en parlant de tableaux de Raphaël, où la Vierge est accompagnée de plusieurs autres personnages. Pline lui-même désigne par le nom seul de Laocoon un groupe où ce prêtre d'Apollon était accompagné de ses deux fils. Pourquoi n'aurait-on pas appliqué la dénomination de Vénus des Jardins à un groupe dont une Vénus était la principale figure?

Une autre objection pourrait être opposée à l'identification avec la Vénus aux Jardins du prototype de la Vénus de Milo : c'est que, d'un côté, Pline parle d'une Vénus de Phidias, autre que celle des Jardins, et placée à Rome dans le Portique d'Octavie, comme étant aussi d'une beauté rare, et que, d'un autre côté, il existe des répétitions, attestant aussi par leur nombre un original célèbre, d'une Vénus qui, différente de celle de Milo, porte également le caractère de l'école de Phidias. Je veux parler de la figure vêtue d'une tunique sans manches et sans ceinture, qui de la main droite ramène son manteau sur ses épaules, tandis qu'elle tient dans sa main gauche avancée un fruit, et qu'on appelle la *Venus genitrix*, parce que cette dénomination en accompagne une imitation qui forme le revers d'une médaille, médaille frappée en l'honneur de l'impératrice Sabine, qui y est sans doute représentée sous la figure de la déesse.

La Vénus de Milo groupée avec un Mars se retrouve pareillement sur une médaille impériale, frappée, celle-ci, en l'honneur de l'impératrice Faustine la Jeune, qui y figure sans doute sous les traits de Vénus, comme son mari, Marc-Aurèle, sous les traits de Mars. On a supposé avec vraisemblance que cette dernière médaille avait été composée pour rappeler une circonstance où l'impératrice avait obtenu de son mari qu'il renonçât à une guerre commencée ou projetée. Pourtant il se pourrait aussi qu'elle servît simplement à représenter Faustine sous les traits de Vénus conçue, ainsi que l'était la Reine du ciel, comme la puissance qui fait prévaloir la paix sur la violence. Quoi qu'il en soit, on voit que les Romains avaient, en deux circonstances, reproduit sur des médailles impériales deux statues différentes de Vénus, dont l'une était semblable à la Vénus de Milo, l'autre à la *Venus genitrix*, et qui appartenaient pareillement à l'école de Phidias.

Quel était maintenant le prototype de cette dernière statue? M. Bernoulli, dans son *Aphrodite*, a donné pour vraisemblable que ce prototype était la statue que Jules César avait fait exécuter par le sculpteur Arcésilas pour le temple qu'il avait élevé à Vénus, comme mère d'Iule, auteur de sa race, en donnant à la déesse le surnom de *Genitrix*. En même temps il a cru qu'Arcésilas avait dû imiter quelque modèle classique d'une époque antérieure. Quel avait été ce modèle?

Otfried Müller avait signalé dans les formes de la *Venus genitrix* des vestiges du style du ve siècle. M. Bernoulli, au contraire, voit dans ce que ces formes ont de puissance une marque du goût romain; et, en conséquence, bien qu'il ne soit pas arrivé à une opinion décidée, il paraît incliner à penser que la *Venus genitrix*, telle que nous la connaissons, représentait la Vénus drapée de Praxitèle, accommodée par Arcésilas au goût romain.

Mais on ne peut que répéter, à propos de la *Venus genitrix*, l'observation qui a été faite précédemment à propos du guerrier Borghèse. Les formes un peu ramassées ne sont aucunement propres au style qu'on peut appeler romain; elles le sont, au contraire, comme l'avait vu Otfried Müller, à l'ancien style grec. Si donc on les trouve dans la *Venus genitrix*, c'est une preuve que le type en fut, comme celui du guerrier Borghèse, un ouvrage du ve siècle, et même du commencement de ce siècle, et que c'est au temps de Phidias qu'il faut le faire remonter. Et, en effet, la *Venus genitrix* offre une notable ressemblance avec deux ouvrages de Phidias ou de son école, dont l'un est une des déesses de la frise de la *cella* du Parthénon, et l'autre est la femme que Mercure tient par la main dans le bas-relief célèbre où l'on a vu, quoique par erreur, Eurydice entre Mercure et Orphée, et où la manière surtout dont les cheveux sont traités, chez le dieu, par boucles régulières, et chez la femme, par ondes formant des zigzags parallèles, accuse le commencement plutôt que la fin ou même le milieu du ve siècle.

Ainsi Arcésilas, pour former sa *Venus genitrix*, aurait pris un modèle de la même époque que le prototype de la Vénus de Milo, et sorti de la même école, qui était celle par laquelle l'on était d'accord à trouver qu'avait été le mieux rendue la majesté des dieux.

A l'idée de rapporter à l'école de Phidias la *Venus genitrix*, on pourrait opposer, plutôt que ses proportions, la circonstance que cette Vénus est en marche et, par suite, ne porte que sur un pied, et que, d'après le témoignage de Pline, le premier sculpteur qui exécuta de semblables figures fut Polyclète, qui, bien qu'il eût été l'un des condisciples de Phidias, paraît, comme le texte même de Pline le donne à croire, n'avoir travaillé ou du moins ne s'être rendu célèbre qu'un peu après lui. Mais, vraisemblablement, l'assertion de Pline ne doit s'appliquer qu'à des statues masculines, telles qu'étaient les ouvrages les plus renommés de Polyclète, le *Diadumène* et le *Doryphore*. Car, outre que les Cariatides du temple d'Érechtée, qui appartiennent évidemment à l'école de Phidias, ne portent que sur un pied, il en était certainement de même de la Minerve du Parthénon. La copie réduite qui s'en est retrouvée il y a quelques années en fait foi.

Maintenant, ne se pourrait-il pas que ce fût dans le prototype de la *Venus genitrix*, plutôt que dans celui de la Vénus de Milo, qu'il fallût chercher la *Vénus aux Jardins* d'Alcamène et de Phidias?

Cette hypothèse ne paraît pas admissible.

Sur les deux médailles de Sabine et de Faustine, les Vénus

sont, suivant toute probabilité, d'après ce qui précède, des reproductions de deux statues de Phidias. Et, précisément, il se trouve qu'outre la *Vénus Uranie* d'Élis, on vantait deux autres *Vénus Uranies* de cet auteur : l'une était la *Vénus aux Jardins*, l'autre se voyait à Rome, du temps de Pline, dans le Portique d'Octavie. Suivant toute probabilité, ce sont donc ces deux statues que reproduisent les médailles impériales, avec les dénominations de *Vénus mère* et de *Vénus victorieuse*.

Reste à voir s'il est possible de déterminer à laquelle des deux statues se rapporte la première des deux médailles, à laquelle se rapporte la seconde.

Des Vénus de Phidias, celle des Jardins était la plus belle. Car, si Pline dit de celle du Portique d'Octavie qu'elle était d'une beauté rare, trois auteurs, Pline lui-même, Lucien et Pausanias s'accordent à vanter celle des Jardins, et Pausanias dit qu'elle comptait parmi les monuments d'Athènes, où il y en avait tant de remarquables, comme digne d'être contemplée : θέας ἀξία.

Or, d'autre part, quoiqu'il se rencontre de nombreuses reproductions de la *Venus genitrix*, il s'en rencontre pourtant plus encore, avec toutes sortes de variations, de la Vénus de Milo. Celle-ci était donc la plus célèbre des deux : dès lors, c'est avec la Vénus des Jardins qu'il est le plus naturel, par cette raison, de l'identifier, et ce n'est qu'à la Vénus du Portique d'Octavie qu'on peut rapporter la *Genitrix*.

Arcésilas, d'ailleurs, ne pouvait choisir, pour la faire servir à représenter Vénus en mère d'Iule, une statue où cette déesse était jointe soit à Thésée, soit à Mars. Enfin il est vraisemblable que la *Venus genitrix* avait été créée par son auteur tout exprès pour représenter dans la déesse le génie de la fécondité. Le grand voile ou manteau qu'elle ramène sur ses épaules appartenait spécialement aux femmes mariées; les jeunes filles ne portaient d'ordinaire, avec la tunique, que le petit peplus qu'on voit à celles de la frise du Parthénon. D'autre part, la *Venus genitrix* ne porte aucune ceinture et elle est en marche. On sait la signification attachée par les anciens au dénouement de la ceinture. Enfin le geste par lequel la *Venus genitrix* laisse voir un fruit qu'elle tient de la main gauche et celui qu'elle fait de la main droite, pour s'envelopper de son voile, semblent bien être, ainsi combinés, une indication suffisamment claire, malgré la réserve qui est propre à l'art grec, de l'idée de la maternité. Il y a donc lieu de supposer que si la Vénus de Milo est représentée en fiancée, la *Genitrix* l'est en épouse sortant de la chambre nuptiale. Dès lors il était naturel qu'Arcésilas, chargé par César d'exécuter une Vénus en laquelle on devait honorer la mère de la race d'Énée (*Æneadum genitrix*), prît pour modèle, parmi tant d'autres statues célèbres de la déesse, la *Venus genitrix* de Phidias.

En second lieu, si nous avons peu de renseignements sur ce qui distinguait, entre tant de Vénus, celle des Jardins, ces renseignements suffisent, cependant, pour nous faire voir que ce qu'on y trouvait de plus remarquable devait caractériser le prototype de la Vénus de Milo plutôt que celui de la *Venus genitrix*.

On y admirait surtout, dit Lucien, qui avait été sculpteur, ce qui s'y trouvait en face de la vue [1]. Cette expression paraît convenir particulièrement à une figure qui ne se montrait pas à la vue tout entière, mais en partie seulement, et par conséquent à ce que devait être le prototype de la Vénus de Milo, qui était fait, ainsi que je crois l'avoir démontré, pour n'être

[1] Ἀντωπὰ τῆς ὄψεως.

considéré que d'un côté. Les détails qu'on y admirait le plus étaient les joues et les mains, celles-ci « terminées en fines extrémités ». Or, il est deux têtes que nous sommes en droit de considérer comme ayant appartenu à des exemplaires de la *Venus genitrix*, et cela en raison de leur conformité générale avec les têtes des réductions en terre cuite de la statue qui ont été trouvées à Myrina et ailleurs, ainsi que de leur style. Ces deux têtes sont celle qu'on a adaptée, dans un travail intelligent, cette fois, de restauration, à l'exemplaire du Louvre, et une autre toute semblable du musée de Grenoble. Et, dans l'une et l'autre, les joues, loin d'être d'une beauté exceptionnelle, offrent des méplats accusés qui rappellent la dureté du style archaïque. Quant aux mains, la droite étant élevée pour se retourner en arrière et saisir le manteau, les doigts en sont à peine visibles, et la gauche, qui tient une pomme, s'avançant avec les doigts un peu repliés à l'entour, les doigts ne s'en voient guère qu'en raccourci, en sorte qu'il n'y avait pas sujet d'en louer tout particulièrement la perfection. Au contraire, dans le type qu'offre la Vénus de Milo, envisagé, comme il doit l'être, par le profil de droite, si l'une des joues n'est pas en vue, l'autre se montre au spectateur dans tout son développement, et le sourire qui la fait s'arrondir légèrement lui donne toute la beauté de forme dont est susceptible cette partie du visage. Enfin, si la main gauche, dans son ensemble, était peu en vue, pourtant les doigts s'en avançaient de telle sorte qu'on pouvait en apprécier les formes, du moins aux extrémités; la main droite, qui se porte vers le compagnon de la déesse, se montre, comme la joue, sans aucun raccourci, dans son plein développement, et l'on comprend que l'artiste y eût mis tous ses soins et tout son talent.

Les remarques de Lucien paraissent donc ne pas être applicables à la *Venus genitrix*, et l'être, au contraire, à l'original de la Vénus de Milo. Et l'on en peut tirer un argument au moins probable pour l'identification de cette dernière statue avec la Vénus des Jardins.

Une autre circonstance encore peut être invoquée en faveur de cette identification : c'est le lieu où la Vénus des Jardins était placée.

Les Jardins, c'était une région de la partie orientale d'Athènes, arrosée par l'Ilyssus. Rien n'était plus naturel que de placer au milieu de jardins un temple de la déesse qui présidait à la floraison, et qu'on figurait souvent couronnée de roses ou de violettes. Mais où l'on devait placer plutôt que partout ailleurs la demeure et l'image d'une Vénus céleste, représentée comme accueillant auprès d'elle un héros pour en faire un dieu, c'était en des jardins dans lesquels ou tout auprès desquels on vît et des monuments des héros et des écoles destinées à instruire la jeunesse afin qu'elle arrivât, par le même chemin, au même but. Or tels étaient les Jardins où était placée la Vénus céleste d'Alcamène et de Phidias.

Sur les bords de l'Ilyssus, il y avait des tombes : dans le lit de ce fleuve a été trouvée une des plus belles et des plus grandes stèles funéraires connues, que j'ai publiée, en 1875, dans la *Revue archéologique*. Et, non loin de là, était l'important gymnase du Lycée.

Du Lycée, les jeunes gens qu'on y élevait devaient descendre souvent au bord de l'Ilyssus, qui roulait plus d'eau jadis qu'aujourd'hui, afin de s'y baigner, comme les jeunes Romains dans le Tibre, et de s'y reposer sous les ombrages, parmi les monuments qui leur rappelaient les vertus des ancêtres. Quoi de plus naturel que d'élever dans un semblable endroit, au milieu des jardins dont il était couvert, le sanctuaire de la grande déesse auprès de laquelle trouvaient accueil les âmes qu'elle avait inspirées? Nul lieu, par conséquent, où fût mieux à sa place le groupe qu'avait dû concevoir et qu'avait achevé Phidias.

La région arrosée par l'Ilyssus était, au témoignage de Thucydide, la partie la plus ancienne de la cité. Aussi y trouvait-on réunis les temples des principaux dieux. A partir du temps de Cimon, le côté occidental d'Athènes prit un grand développement. Il y fallut aussi des temples des plus grands dieux. La partie du quartier appelé le Céramique, située hors des murs, comprenait, le long du cours du Céphise, de grands jardins. On y plaça les tombeaux des principaux citoyens qui avaient succombé dans les guerres médiques, et tout auprès fut établi le grand gymnase nommé l'Académie. Et dans la même région, à une distance peu considérable, s'éleva, comme en pendant au temple de la Vénus céleste des bords de l'Ilyssus, un second temple de la même déesse, avec une statue qui fut également exécutée par Phidias; on peut conjecturer avec quelque vraisemblance que cette statue reproduisait, quoique peut-être sous une forme nouvelle, la même idée que le groupe d'Alcamène et de Phidias; on peut conjecturer aussi avec quelque vraisemblance, puisque Pausanias se contente de la mentionner d'un mot, en sorte que rien n'indique qu'il l'ait vue, que c'était celle qu'on avait transportée à Rome, et sur laquelle Arcésilas put prendre modèle pour la figure à installer, par l'ordre de César, dans le temple de Vénus mère.

Enfin, puisque c'était, en somme, la Vénus des Jardins qui, des différentes images que Phidias avait faites de la déesse, offrait le plus de perfection, il est à croire que c'était celle où se trouvait au plus haut degré la qualité qui dépasse toutes les autres, et qui paraît être celle dont Phidias fut le premier à pénétrer l'art.

Des deux remarques seules de Lucien sur la beauté des joues et la finesse des doigts dans la Vénus des Jardins, on peut induire que dans ce chef-d'œuvre, où tout devait être en parfait accord avec les parties principales, qui sont toujours la tête et les mains, Phidias avait dû unir à la noblesse qui caractérisait tous ses ouvrages un haut degré de grâce.

Les artistes grecs avaient toujours recherché la grâce, et c'est ce qui les distingua tout d'abord de ceux des contrées dont la Grèce était environnée [1]. Mais longtemps ils ne surent l'exprimer, chez leurs dieux à forme humaine, que par le sourire, signe de bienveillance et de béatitude, qui règne, dans les monuments archaïques, sur les physionomies de leurs dieux et de leurs héros [2], et par certains gestes plus symboliques encore qu'imitatifs : tel, dans leurs primitives Vénus, le mouvement par lequel elles relèvent délicatement un pli du devant de leur draperie, comme pour commencer quelque danse; telle encore la démarche de tant de dieux des anciennes époques qui, s'avançant sur la pointe seule des pieds, semblent glisser légèrement sur la terre plutôt que s'y appuyer. Les attitudes, du reste, sont longtemps uniformes et rigides.

Un condisciple de Phidias, mais qui paraît avoir débuté avant lui, Myron, rompit le premier avec la raideur antique. Comprenant mieux que ses devanciers l'indépendance où sont les parties, dans un tout vivant, à l'égard les unes des autres, et surtout à l'égard des inférieures les supérieures, indépendance dont pouvait contribuer à suggérer l'idée celle des membres divers d'une cité libre, telle qu'étaient les cités helléniques, Myron sut trouver le secret des flexions et torsions, analogues aux tours ou tropes du langage poétique, sans lesquelles il n'est

(1) Voir la conférence que j'ai faite le 11 novembre 1885 à l'École spéciale d'architecture, sous le titre : *Un musée de moulages d'antiques*, p. 25. — (2) *Ibid.*, p. 26-7.

point de grâce possible. De là, des figures savamment tordues et élaborées, ainsi que s'exprime Quintilien [1], comme le *Discobole*, dont on peut rapprocher à cet égard le *Tireur d'épines*. Phidias alors, conciliant ces mouvements avec la beauté dont était épris son noble génie, sut le premier arriver à la parfaite grâce.

Pourquoi? sinon peut-être parce que le premier, interprète fidèle du génie athénien, il sut où la grâce a sa source.

Il avait représenté sur l'un des frontons du Parthénon la guerrière Minerve, devenant la patronne de l'Attique par le don qu'elle lui fait du pacifique olivier. Il avait couronné de ce même olivier la tête de son Jupiter d'Olympie, indiquant ainsi le but de la Victoire dont ce dieu tenait le symbole en sa main. Sur le trône de Jupiter, il avait représenté, entre autres sujets, la naissance de Vénus; et il l'avait représentée par l'Amour tirant des flots la déesse. C'était, au lieu de s'en tenir à la mythologie vulgaire, qui faisait naître l'amour de la beauté, dire dans le langage figuré de la poésie que la beauté suprême, dont Vénus était la personnification, devait son origine à l'amour, pensée à laquelle revient cette sentence d'un penseur moderne (Schelling). « Les plus belles choses sont celles où il semble que tout aime ».

Vénus, dans Virgile, dit à l'Amour : « C'est toi qui fais toute ma puissance. »

Et quelle figure mythologique le grand artiste devait-il revêtir de grâce plutôt que celle d'une Vénus céleste destinée à la ville qui prenait pour idéal de sa civilisation la douceur, et, dans cette ville même, à la région, sans doute considérée alors comme un séjour privilégié de paix et de délices, qu'on appelait les Jardins?

[1] *De Inst. orat.*, II, 13 : *Quid tam distortum et elaboratum quam est ille discobolus Myronis?*

La Vénus des Jardins ayant donc dû avoir pour mérite éminent la grâce, c'est encore une raison et une raison considérable de lui rapporter, comme à son prototype, la Vénus de Milo, qui, restituée comme elle doit l'être, est un modèle de grâce en même temps que de dignité, et qui tire sa grâce du mouvement par lequel elle descend, pour ainsi dire, de sa hauteur de souveraine pour faire partager son empire à un héros.

La Vénus des Jardins était l'œuvre de deux artistes, dont le premier avait pu y employer un style encore empreint de la dureté archaïque, et le second un style où il ne manquait presque plus rien de la souplesse qu'offre la nature. C'est à quoi répond pleinement aussi, d'après ce qu'on a vu plus haut, l'aspect du groupe de Vénus céleste et de Thésée.

En effet, si Alcamène, qui commença la Vénus des Jardins, est appelé par Pline un disciple de Phidias, il n'en est pas moins vrai qu'il avait dû entrer avant lui dans la carrière de l'art; car il fut l'auteur de l'un des frontons du temple de Jupiter à Olympie, frontons qui portent un caractère plus ancien qu'aucun des ouvrages de Phidias que nous connaissions. Natif d'Athènes, il y revint pour lutter contre Agoracrite, l'élève favori de Phidias, dans un concours pour l'exécution d'une Vénus, et il l'emporta sur lui; il lutta ensuite avec Phidias lui-même, dans un autre concours pour l'exécution d'une Minerve, et cette fois il eut le dessous. Phidias le chargea d'exécuter l'un des deux frontons du Parthénon. On doit conclure de ces faits qu'après avoir essayé ses forces contre l'auteur de la Minerve du Parthénon, du Jupiter d'Olympie et de maint autre chef-d'œuvre, il se résigna à devenir de son émule son collaborateur dans les grands travaux commandés par Périclès.

On comprend dès lors que lorsqu'il vint à mourir, laissant inachevée la Vénus des Jardins, dont Phidias lui avait peut-être dicté la composition, Phidias se soit chargé de la terminer, et ce fut pour imprimer à l'œuvre commune le sceau de son génie. Cicéron dit : « On reconnaît toujours Phidias, soit qu'il exécute un ouvrage à lui seul, soit qu'il achève un ouvrage commencé par un autre. » C'est, suivant toute apparence, à la Vénus des Jardins que se rapportent ces derniers mots.

Dans le groupe de Vénus et Thésée, ce dernier personnage porte un caractère à plusieurs égards archaïque, ainsi qu'on l'a vu, et, de plus, il ressemble d'une manière frappante, par son attitude, à l'un des personnages du fronton exécuté par Alcamène à Olympie, je veux dire au guerrier qui est placé à la gauche de Jupiter. Ajoutons qu'Alcamène fut l'auteur de la statue de Mars qui était placée dans son temple à Athènes. De ces circonstances rapprochées on peut conclure, à ce qu'il semble, qu'Alcamène avait commencé le monument des Jardins aux premiers temps de son séjour à Athènes, lorsqu'il ne s'était pas encore assimilé la manière de Phidias; qu'il s'y était d'abord occupé surtout du deuxième personnage, en le formant sur un type qui lui était familier et dont il était peut-être le créateur; que Phidias n'y avait rien changé, au moins de considérable, et que c'était dans la Vénus surtout qu'il avait mis du sien. Ainsi peuvent s'expliquer, à la fois, ce que le héros a encore de dureté primitive et ce qu'a de charme la déesse. Le groupe offrirait alors un important monument du progrès de l'art au commencement du ve siècle, progrès par lequel le plus grand des statuaires de ce siècle le porta près de la dernière perfection, où atteignirent, d'après les anciens, Praxitèle et Lysippe.

VII

La Vénus des Jardins restituée, on peut chercher encore ce qu'elle devint dans les imitations qu'on en fit.

Le groupe représentait une idée religieuse de nature très générale sous une forme tout athénienne. Reproduit hors d'Athènes, il dut perdre, dans la plupart des reproductions, le caractère local que lui imprimait la présence du héros attique par excellence, et même, souvent, le caractère mythologique spécial qui le rattachait à la conception de l'héroïsme et de ses destinées. De Thésée-Mars on ne retint le plus souvent que Mars, et de Vénus-Proserpine que Vénus. Le groupe devint ainsi, tel que nous le voyons dans nombre d'ouvrages de sculpture et de glyptique, un simple assemblage de Vénus et de Mars.

Ainsi compris, il offrait, comme on l'a vu, une contradiction : Vénus, épouse d'un dieu, y occupait une place que devrait occuper celui-ci. On ne s'arrêta pas à cette anomalie; on céda, sans en tenir compte, au désir de faire servir à une expression telle quelle de l'union des deux divinités un monument qu'avait consacré l'admiration universelle.

À mesure, d'ailleurs, qu'on descendait le cours des siècles, il se substituait, comme on l'a vu, à la conception primitive de l'union de Mars et de Vénus en un groupe conjugal, la fable, qui finit par la faire presque entièrement oublier, de leurs amours adultères. Dès lors, il n'y avait plus de difficulté à donner, dans un groupe de Vénus et Mars, le second rang à celui-ci.

L'idée devait venir aussi, suivant un usage fréquent dans l'art antique, de transporter à d'autres divinités encore sinon la même conception, au moins le même arrangement. J'en ai signalé un exemple dans le groupe du palais royal de Turin où la Vénus de Milo est devenue une Hygie[1] et le Thésée-Mars un Esculape.

Souvent enfin on détacha de l'ensemble celle des deux figures qui était la principale, d'ailleurs la plus attrayante, et qui portait l'empreinte particulière du plus renommé des deux auteurs de l'œuvre.

La composition représentait, en somme, la victoire de la douceur sur la violence. C'est ce que l'auteur de la médaille impériale où fut reproduit notre groupe rendit par cet exergue : *Veneri victrici*. De cette idée de la victoire de Vénus devait naître facilement celle de l'identification de Vénus avec la Victoire elle-même, divinité avec laquelle on avait aussi identifié, d'un point de vue différent, la guerrière Pallas. Une invention intermédiaire qui y achemina fut de représenter Vénus se jouant avec les armes de Mars. Une statue du Louvre la montre s'armant d'une épée, tandis qu'un Amour placé à côté d'elle se coiffe d'un casque. On revenait ainsi, dans une pensée frivole, à l'antique usage de représenter Vénus armée.

Dans des vers d'Apollonius de Rhodes où l'on a cru, avec grande apparence de raison, trouver, comme dans mainte pièce de l'Anthologie, une description de quelque monument figuré, Vénus fait du bouclier de Mars un miroir où elle se regarde. C'est le sujet que paraît représenter aussi une médaille de Corinthe. Millingen a pensé que c'était d'après cet arrangement qu'il fallait interpréter et restituer la Vénus de Milo. M. de Clarac, dans son *Musée de sculpture*, et d'autres, parmi lesquels M. Overbeck, se sont ralliés à cette opinion. Pourtant, si l'on place la figure de face en lui faisant tenir ainsi un bou-

[1] Pl. VII, fig. 3.

clier, cet accessoire la cache en partie au spectateur; et si, pour éviter cet inconvénient, on la place de profil, on se heurte à une autre impossibilité qui est d'admettre qu'on ait destiné à être considérée de profil une figure isolée de ronde bosse; difficulté qu'on ne pourrait résoudre qu'en supposant que la figure avait un pendant, c'est-à-dire qu'une autre figure y répondait, tout à fait ou à peu près symétrique : c'est ce qui pouvait avoir lieu pour la Vénus de Madrid, puisque sa plinthe, suffisamment conservée, de forme ovale, indique qu'elle était seule. Mais il n'en était pas de même, comme on l'a vu, pour la Vénus de Milo, non plus, comme on l'a vu aussi, que pour le modèle qu'elle reproduit. Et rien, dans le cas qui nous occupe, n'autorise une telle supposition. Dans la Vénus tenant un bouclier on ne peut donc voir que le résultat d'une modification du thème primitif, imaginée d'abord pour la faire servir à un bas-relief, et que l'on a pu employer ensuite, quoique indûment, pour une figure de ronde bosse.

Un bas-relief, qui décore la base de la colonne Trajane, comprend une Victoire tenant un bouclier sur lequel elle écrit. Et il est aisé d'y reconnaître le type de la Vénus de Milo[1].

C'est de la même manière que ce type a été transformé, sur des sarcophages d'époque plus basse encore, en une Fortune, reconnaissable à la roue sur laquelle pose le pied gauche.

Dans la statue de bronze du musée de Brescia une altération du type primitif a servi à former une Victoire isolée et de ronde bosse. Pour y arriver, il a fallu changer, outre le mouvement de la tête, celui des deux bras. L'artiste, en effet, les a disposés de telle sorte, en leur donnant plus de saillie en avant du corps, que la déesse pût faire à peu près face aux spectateurs

[1] Le Musée du Louvre possède un dessin exécuté d'après ce bas relief par Nicolas Poussin.

sans que le bouclier la leur cachât. L'artiste, du reste, n'a pas dissimulé la liberté qu'il prenait à l'égard du type classique qu'il employait; car il a changé sans nécessité le jet du manteau qui, dans toutes les autres reproductions de ce type, est invariablement le même.

Dans ces différentes modifications de l'œuvre primitive on a fait disparaître le mouvement de torsion de la partie supérieure du corps sur l'inférieure, et changé l'inclinaison de la tête. Ces changements ont ôté à la figure quelque chose de son charme. Elle est devenue ainsi moins ondoyante dans son attitude, plus sévère ou au moins plus insignifiante dans son expression.

La composition originale se maintint davantage dans un emploi que l'on en fit souvent pour la décoration de sépultures.

On la retrouve, en effet, sur deux sarcophages, dont l'un faisait partie de l'ancienne collection romaine des Mattei, et l'autre se voit encore au Campo Santo de Pise, ainsi que dans les groupes statuaires du Louvre, du Capitole, de la villa Borghèse et de Florence qui durent servir à orner des tombeaux. Dans tous ces monuments les deux personnages représentent évidemment deux époux divinisés en Mars et en Vénus.

On peut en rapprocher à juste titre ces autres décorations sépulcrales des bas temps de l'époque romaine où l'on voit deux époux se donnant la main en la présence soit de l'Amour soit de Junon dans le rôle, où elle avait succédé à Vénus, de patronne du mariage.

Dans les groupes dont il s'agit, l'époux occupe la gauche, l'épouse la droite, et il en est de même dans des monuments funéraires chrétiens. L'imitation d'une composition devenue classique, mais dont la signification primitive s'était obscurcie, y prévaut ainsi sur ce que demandait, relativement à la disposition respective des deux époux, la coutume universelle soit religieuse, soit civile. Les monuments offrent alors dans les attitudes et les expressions, comparées à la disposition respective des personnages, une singulière discordance. Le personnage viril n'y a plus rien dans son air d'où l'on puisse induire qu'il est de rang moins élevé que la déesse; au contraire, sa tête levée paraît signifier supériorité, et pourtant c'est la déesse, toujours, qui tient la place d'honneur.

Un usage encore auquel fut adaptée la composition du groupe des Jardins d'Athènes, fut la décoration des théâtres, et là elle put conserver ou reprendre presque entière sa signification originelle.

On honore Vénus dans les théâtres, dit un auteur latin : *Colitur Venus in theatris.*

La Vénus de Capoue et celle de Falerone furent trouvées parmi les ruines des théâtres de ces villes. La cachette où était enfouie celle de Milo était peu éloignée des ruines du théâtre de l'île, qui ne fut que commencé; il est vraisemblable qu'elle était destinée à ce théâtre et avait été placée tout auprès provisoirement pour y être établie lorsqu'il serait achevé. Les Vénus de Capoue et de Falerone sont des reproductions du même type que la Vénus de Milo. Établis dans un emplacement analogue, ces différents monuments durent y servir à l'expression d'une même pensée, et ce dut être celle même qui avait inspiré le prototype dont ils dérivaient.

Le drame grec paraît avoir eu pour objet primitif non, comme on l'a dit souvent, de montrer l'humanité poursuivie par la fatalité ou par des puissances jalouses et malveillantes, mais plutôt de la montrer s'acheminant, par les épreuves qui remplirent la vie des héros, au repos éternel; objet identique, au fond, avec celui des principaux mystères; et c'est pourquoi ce ne fut pas sans quelque raison qu'on accusa Eschyle de révéler les secrets d'Éleusis.

La tragédie ne comprit d'abord, outre un chœur, qu'un seul personnage. Ce devait être ce fils de Jupiter qui, déchiré par les génies de nature terrestre et sauvage qu'on appelait les Titans, était revenu à la vie pour devenir auprès de Proserpine, comme Osiris, pareillement maltraité, auprès d'Isis, le prince des regions bienheureuses. On se lassa de voir et revoir toujours la même histoire, et, malgré les réclamations du vulgaire, dont on nous a conservé le souvenir, on mit sur la scène tragique, à la place de Bacchus, des héros qui avaient subi des épreuves analogues aux siennes. Dès lors, et en présence de ces ressemblances entre des fortunes diverses, on devait arriver un jour à honorer, comme présidant au théâtre, plus encore peut-être que Bacchus, une déité qui régît de plus haut les destinées humaines en les conduisant, à travers toutes les vicissitudes, à un dénouement favorable. Tout concourait alors de toutes parts à la préparation d'une nouvelle ère religieuse où devait reparaître, pour figurer la bienveillance divine, en laquelle cherchait recours un monde vieillissant qui espérait peu de lui-même, le doux symbole d'amour des anciens temps, la mystique colombe. Le théâtre, donc, devait de plus en plus se placer sous l'invocation de Vénus, de Vénus comprise à nouveau comme la comprenait l'antique croyance qui avait passé jadis de la Syrie à Athènes, et figurant une haute puissance à laquelle il appartenait de dissiper les orages et d'établir le calme, ce calme qu'invoquaient, sous le nom d'« ataraxie », presque toutes les doctrines.

Mais, nulle part peut-être autant qu'à Milo on ne fut

enclin à comprendre dans sa signification originelle le monument des Jardins d'Athènes, et à tenir à ce qu'une reproduction fidèle, au moins pour l'essentiel, en présidât au théâtre.

Le nom de Milo paraît avoir pour racine un mot grec qui signifie pomme, ou plus généralement fruit. Ce fut une allusion, peut-être, à la forme de l'île qui est à peu près ronde. Peut-être aussi fut-ce une formule de consécration à Vénus, patronne des jardins, déesse des fruits comme des fleurs. Des médailles de Milo portent au revers, par allusion, sans doute, à ces faits et à ces idées, une fleur entr'ouverte, qui paraît être une fleur de pommier.

D'autre part, sur une médaille de Magnésie du Méandre, ville d'Asie Mineure, qui avait, sans doute, avec Milo des relations d'intérêt et d'amitié, on voit une femme avec l'exergue : À la Vénus des Méliens. On doit en conclure que Vénus était l'objet à Milo d'un culte tout particulier, et même que probablement elle était la patronne de l'île. S'il en était ainsi, il était naturel que Milo se procurât pour l'ornement significatif de son théâtre une imitation de quelqu'une des plus belles images de Vénus qu'eût produites le ciseau grec.

Milo, de plus, avait été conquise et colonisée au ve siècle par les Athéniens. Lysandre les en déposséda et soumit l'île à Lacédémone, et l'on ne sait plus rien pour les époques suivantes de l'histoire de Milo. Mais il est permis de présumer que la colonie athénienne, qui n'avait pas dû disparaître entièrement, reprit peu à peu le dessus. Rien n'était plus propre que le génie attique à développer les ressources que fournissait à Milo sa situation maritime. L'île devenue riche ambitionna de se donner un théâtre; elle le commença, si elle ne put l'achever, sur une grande échelle. Rien de plus naturel encore que de supposer qu'elle voulut alors y installer, dans une image d'une beauté exceptionnelle, la déesse qui était à la fois sa patronne et, en qualité de régente supérieure des destinées, celle de la poésie dramatique, et qu'elle tira cette image du monument athénien où était représentée dans ce grand rôle la Vénus céleste.

On s'explique facilement ainsi que ce soit à Milo qu'il ait été trouvé une des plus belles répétitions qui aient, sans doute, été exécutées de la Vénus des Jardins et, en même temps, une des plus fidèles.

Dans un temps où l'usage s'était établi de représenter Vénus ou nue ou au moins demi-nue pour offrir en elle un modèle accompli de toutes les beautés, Milo pouvait vouloir que l'artiste qui exécuterait pour son théâtre une imitation du chef-d'œuvre d'Alcamène et de Phidias ne lui laissât pas la tunique qu'avait exigée la sévérité religieuse des habitudes du ve siècle. La Vénus de Milo ne dut conserver du costume de son prototype que le manteau qui enveloppe la partie inférieure du corps. Il se peut que la Vénus primitive ne tînt pas un fruit; que, par exemple, conformément au motif qu'offre le groupe trouvé à Locres[1], elle s'appuyât de ses deux mains croisées sur l'épaule de son compagnon. Milo dut vouloir, en tout cas, que sa Vénus à elle tînt une pomme. Elle figurerait ainsi, en même temps que la reine du ciel, la patronne spéciale de l'île dont la forme était celle d'un fruit, et qui avait pris pour insigne une fleur.

Enfin on comprend aisément et qu'on ait rendu à la Vénus de Milo, dans cette île, un culte exceptionnel, qu'attestent, avec la médaille de Magnésie, les riches ornements dont on crut bien faire, à une époque tardive, de la charger, et que, au temps des luttes violentes du christianisme contre le paganisme,

[1] Pl. VII, fig. 4.

se rappelant, en présence des signes de ce culte, les idées qu'on se faisait alors de la déesse de Cythère et de Chypre, des adeptes ardents de la foi nouvelle lui aient infligé, en signe d'aversion et de malédiction, toutes sortes d'outrages.

On frappait ainsi dans la Vénus céleste la Vénus inférieure qui peu à peu l'avait fait oublier. Le temps était loin alors où l'on pourrait venir à reconnaître dans la Déesse-colombe, maîtresse du monde par la seule douceur, une figure prophétique de la divinité même au nom de laquelle un zèle imparfaitement éclairé mettait en pièces une de ses plus augustes en même temps que de ses plus gracieuses images.

En résumé, si mes inductions ne sont pas erronées, la Vénus de Milo est une reproduction, libre à plusieurs égards, exécutée dans le siècle d'Alexandre, d'un modèle créé à Athènes dans le siècle de Périclès. Dans la composition originale comme dans la reproduction à laquelle appartenait la Vénus de Milo, la déesse, qui était la Vénus Uranie des anciens temps, accueillait dans le séjour élyséen, comme son époux futur, et en l'élevant ainsi au rang de Mars, le héros dans lequel Athènes honorait son fondateur et son génie tutélaire, et auquel avait mérité cet honneur sa générosité surhumaine.

Le groupe d'Uranie et de Thésée figurait ainsi, dans un monument où le plus grand des sculpteurs avait mis tout son art, l'idée en laquelle était renfermée la pensée qui domina la religion et la civilisation de la Grèce, et surtout celles d'Athènes. Athènes honorait dans Minerve, sa patronne, la vierge guerrière conçue comme le génie qui la guidait sur la terre en toutes ses entreprises; elle honorait dans la Vénus céleste le génie supérieur encore qui inspirait cette douceur en laquelle la ville de Minerve faisait consister sa vertu la plus haute, génie qui, par delà la vie terrestre, couronnait de l'éternelle félicité cette vertu.

La composition servit souvent d'emblème funéraire, promettant l'immortalité. Elle dut aussi présider, dans les théâtres, aux représentations qui s'y déployaient des destinées humaines. Elle y présida probablement à Milo, particulièrement vouée au culte de la grande déesse.

PL. I.

PL. II.

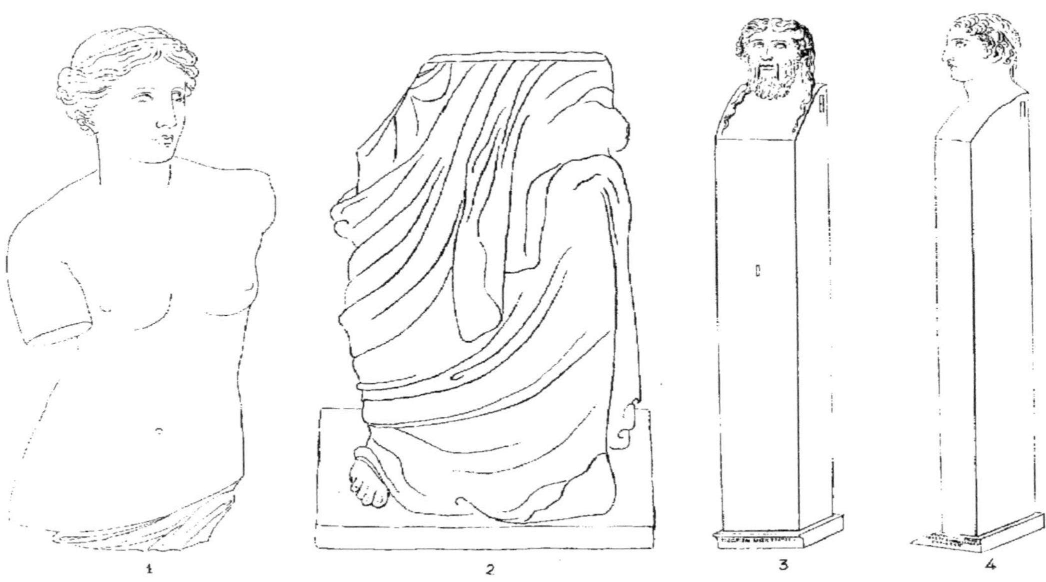

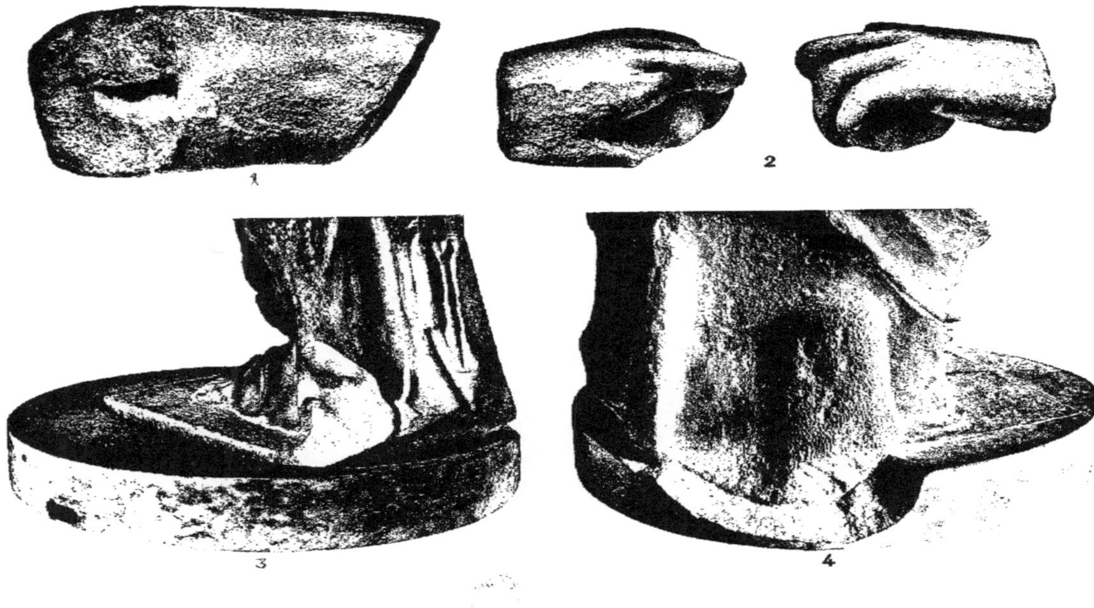
1
2
3
4

1
2

1
2
3

2 1 3 4

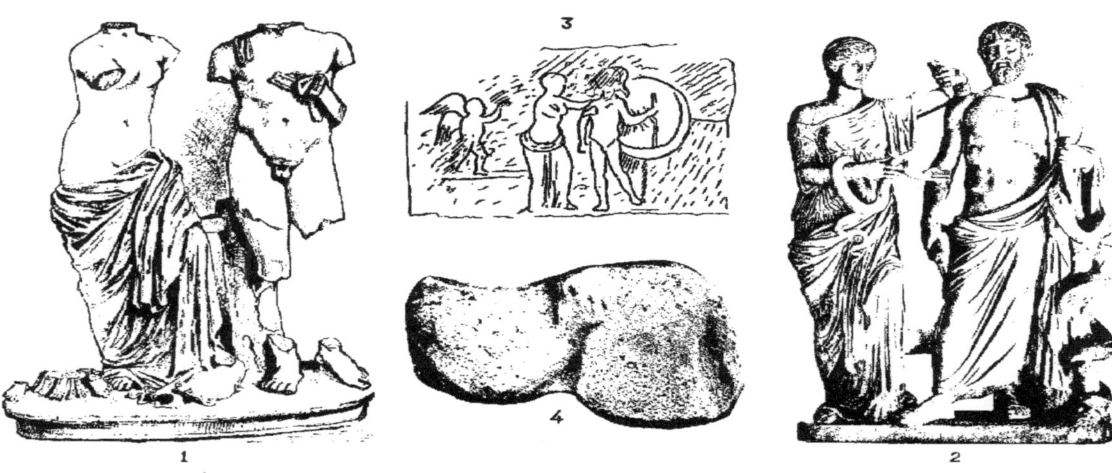
1
2
3
4

1

2

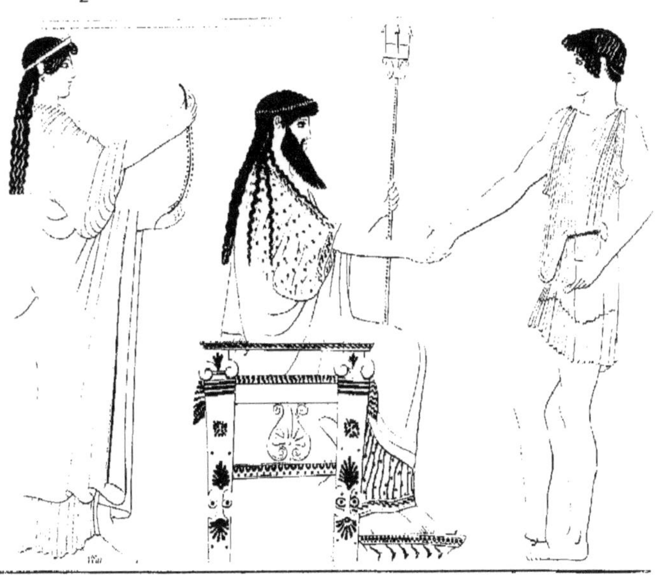

IX

www.ingramcontent.com/pod-product-compliance
Lightning Source LLC
LaVergne TN
LVHW012014220826
846092LV00001B/347

* 9 7 8 2 3 2 9 7 7 4 5 0 3 *